HIER HAT IHR VATER ZUM ERSTEN MAL SEINEN FUSS

AUF FRANZÖSISCHEN BODEN GESETZT!

BERNARD JACQUET

URSULA BURKERT

FERNAB DES KRIEGES

DAS LEBEN DES CARL RÖTHEMEYER

IM INTERNIERUNGSLAGER ÎLE LONGUE

REYEMEHTÖR VERLAG, BIELEFELD

FSC
www.fsc.org
MIX
Papier aus verantwortungsvollen Quellen
Paper from responsible sources
FSC® C105338

ISBN: 9783735785985

HERSTELLUNG UND VERLAG: BOD – BOOKS ON DEMAND, NORDERSTEDT

HERAUSGEBER: REYEMEHTÖR VERLAG, BIELEFELD

HTTP://WWW.BURKERT.DE/

Quellenangabe für nebenstehenden Plan: Archives départementales du Finistère

2. *Auflage, März 2016*

Plan d'ensemble du camp des internés L'Ile Longue.
Echelle = 1:1000.

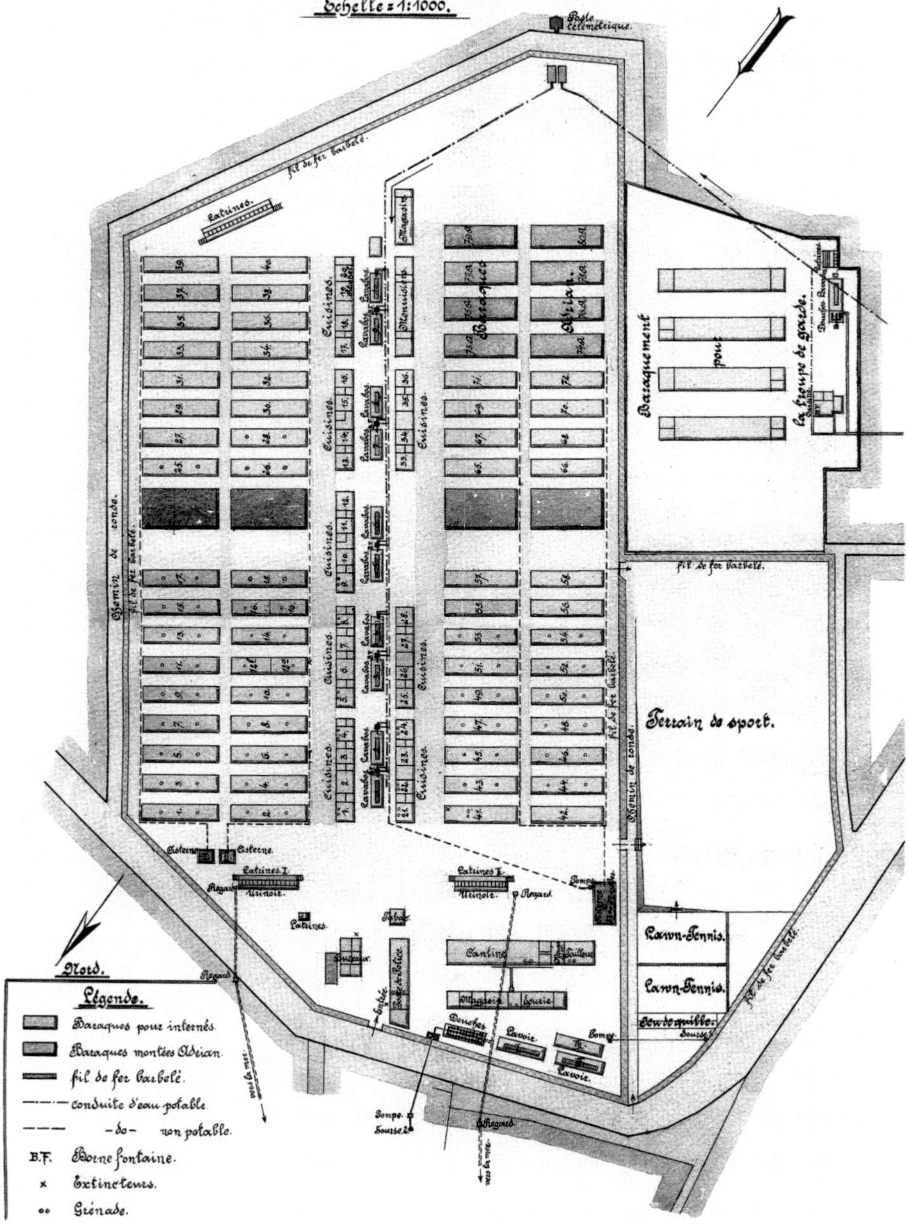

Inhaltsverzeichnis

Fragmente aus dem 20. Jahrhundert

Ohne je eine Uniform getragen zu haben, wird Carl Röthemeyer im Alter von 23 Jahren Kriegsgefangener in Frankreich.

Abbildung 1: Porträt Carl Röthemeyer von Leo Primavesi, 10.11.1916

Als am 1. August 1914 die allgemeine Mobilmachung von Kaiser Wilhelm II. verkündet wird, entschließt er sich, seinen Studienaufenthalt in den Vereinigten Staaten zu beenden, um dem Ruf zu den Waffen zu folgen. In New York geht er an Bord des Holland-America Liners *Nieuw Amsterdam* mit dem Zielhafen Rotterdam. Vor Brest wird der Dampfer von der französischen Marine aufgebracht und Carl Röthemeyer landet in einem Internierungslager auf der Île Longue.

Dort macht er die Bekanntschaft eines Malers. Er arbeitet auch in der Landwirtschaft und wird von den Bauern so gut behandelt, dass er sich Jahre später entschließt, diese anlässlich einer Frankreichreise zu besuchen.

Aus den Gesprächen mit unserem Vater sind uns drei Töchtern nur diese wenigen Fakten in Erinnerung geblieben. Stumme Zeugen gab es dennoch: Porträts aus der Lagerzeit, signiert von *Leo Primavesi*. Alle Porträts zeigen einen jungen Mann mit ernstem, ja verschlossenem Gesichtsausdruck, der mit unserem Vater, der meist heiter und humorvoll war, wenig Ähnlichkeit hatte. Diese Bilder hingen in seiner Junggesellen-Wohnung und dann in der Wohnung unserer Eltern.

Auch heute noch begleiten uns diese Bilder als wichtiger Bestandteil des Nachlasses unseres Vaters. Sie erinnerten uns Töchter immer wieder daran, dass ein besonderer Abschnitt seines Lebens uns gänzlich unbekannt war.

In seinem Nachlass fanden wir zwei Dokumente aus der Zeit der Gefangenschaft: Das Ausschiffungspapier der *Hamburg-Amerika Linie* - ausgestellt am 3. September 1914 - und eine Postkarte seines Bruders Herbert, der ihm aus einem Internierungslager in Pietermaritzburg, Südafrika, im Jahr 1916 geschrieben hatte. Außerdem undatierte Fotos von seiner Frankreich-Reise im eigenen Auto, begleitet von zwei uns unbekannten Personen.

Nachforschungen stellten sich als schwierig heraus. Das Lager existiert nicht mehr, selbst die Besichtigung der Île Longue ist nicht möglich, denn in den 70er Jahren entstand auf dieser kleinen Landzunge vor der Küste von Brest ein Militärstützpunkt mit technischen Anlagen für Atom-U-Boote. Ein Sperrgebiet mit besonderer Sicherheitsstufe, unerreichbar für uns.

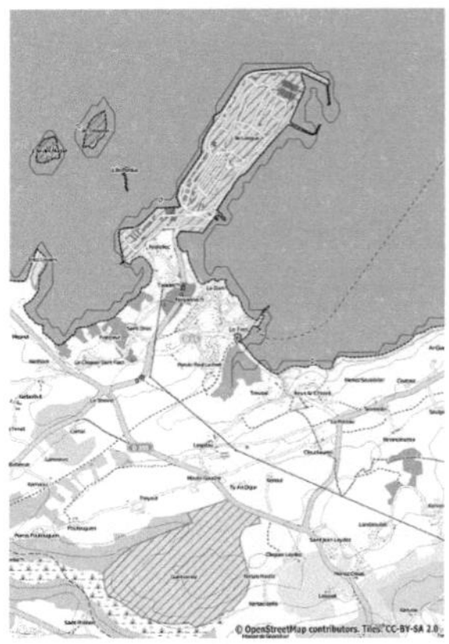

Abbildung 2: Île Longue

Auf der Halbinsel Crozon im Departement Finistère, dem westlichsten Teil der Bretagne, beschäftigt sich jedoch seit einigen Jahren eine Gruppe von Geschichtsbegeisterten mit der Aufarbeitung der Geschichte dieses Internierungslagers. Ende 2012 stellten sie eine Website ins Netz.[1]

An dem Tag, es war der 13. Januar 2013, an dem wir auf diese Website stießen, konnten wir noch nicht ahnen, welche Fülle von Informationen über dieses besondere Lager auf der Île Longue sie uns enthüllen würde. Sehr unterschiedliche Menschen waren in diesem Lager

[1] Website: *http://www.ilelongue14-18.eu.*

gleich nach Ausbruch des Ersten Weltkriegs zusammengewürfelt worden. So verschieden wie ihre Nationalitäten waren auch ihre Berufe und die Milieus, aus denen sie stammten. Die meisten von ihnen waren Geschäftsleute, Intellektuelle oder Künstler, die nach Ausbruch des Krieges von Aufenthalten in Übersee zurück in die Heimat fahren wollten.

Durch diese bunte Mischung von Personen ist eine erstaunliche soziale und kulturelle Entwicklung im Lager Île Longue in Gang gesetzt worden.

Die Gruppe aus der Bretagne hat neben einer großen Anzahl eigener Ausarbeitungen viele Dokumente sowie Werke der Internierten aus Archiven ins Netz gestellt: Ausgaben der Lagerzeitung *Insel-Woche*, Sportberichte, Konzertprogramme, Grafiken und Programmhefte des Lagertheaters, das von dem Regisseur G. W. Pabst geleitet wurde.

Dank dieser umfangreichen Sammlung unternahmen wir in den folgenden Monaten eine ungewöhnliche Reise in die Vergangenheit. Die Entdeckung dieser Website und der intensive Kontakt zu Christophe Kunze, dem deutschen Ansprechpartner der Gruppe, inspirierte uns darüber hinaus, selbst in Archiven und Museen weitere Details über unseren Vater und die Geschichte des Lagers zu recherchieren.

Im August 2013 folgte unsere Reise nach Frankreich. Der Aufenthalt in der Bretagne und die Besichtigung der Île Longue haben mich dann veranlasst, unsere Erlebnisse und die Geschichte unseres Vaters aufzuschreiben.

Dieses Buch soll einen Einblick in die Geschichte dieses Internierungslagers und in die Lebenssituation der Gefangenen auf der Île Longue geben. Dabei werden insbesondere die Aspekte des Lagerlebens beleuchtet, die in Beziehung zu Carl Röthemeyer stehen oder stehen könnten. Mich trieb die Frage an, wie unser Vater im Internierungslager lebte, mit welchen Gegebenheiten und Problemen er konfrontiert war und welchen Menschen er begegnete.

GRUNDLAGE des Textes sind die in Frankreich gesammelten Informationen. Es handelt sich um Dokumente aus verschiedenen Archiven sowie Artikel der Gruppe zu diversen Aspekten der Geschichte des Lagers. Die Fotos des Lagers stammen von alten Foto-Glasplatten. Bernard Jacquet, ein Mitglied der Historiker-Gruppe, hat sie vor ein paar Jahren in Brest entdeckt.[2]

[2] Diese Foto-Glasplatten wurden von einem Arbeiter angeboten, der beim Abbruch eines Hauses in der Nähe von Brest einen einzigen der insgesamt 30 Kästen mit Fotoplatten retten konnte. Die anderen 29 Kästen waren bei den Abbrucharbeiten bereits zerstört worden.

Hinzu kommen Auszüge aus dem Erlebnisbericht des ebenfalls auf der Île Longue internierten Dichters Hermann von Boetticher sowie Ergebnisse von Recherchen hier in Deutschland.

Neben der Suche nach noch fehlenden Dokumenten, zum Beispiel weiteren Exemplaren der *Insel-Woche*, konzentrierte ich mich auf Informationen zu den deutschen Künstlern Leo Primavesi und Max Pretzfelder. Die meisten der hier abgebildeten Grafiken sind ihr Werk. Beide haben im Lager deutliche Spuren hinterlassen, sie sind jedoch heute fast in Vergessenheit geraten.

Schiffsreise in die Gefangenschaft

Carl Röthemeyer war zur Zeit der Mobilmachung Angestellter beim Deutschen Konsulat in Seattle in den USA. Er beschloss, „heim ins Reich“ nach Deutschland zu fahren. Vielleicht fuhr er freiwillig, voller Kriegsbegeisterung. Wahrscheinlicher ist jedoch, dass er dem Appell seines Konsuls in Seattle folgen musste. Die Konsule hatten alle wehrfähigen Männer im Ausland aufgerufen, zurück in die Heimat zu fahren, um sie zu verteidigen.[3]

[3] Vgl. Hermann von Boetticher: *Erlebnisse aus Freiheit und Gefangenschaft*, S. 63.
Die Unterlagen des Konsulats in Seattle existieren nicht mehr, sie sind während des Zweiten Weltkriegs zerstört worden.

Auf dem Passagierschiff Nieuw Amsterdam

Er reiste von Seattle nach New York, um sich von dort aus nach Europa einzuschiffen. In New York gab es zuerst Schwierigkeiten, denn die Schifffahrtlinien hatten seit Beginn der Kriegshandlungen keine deutschen Passagiere mehr nach Europa befördert. Bald drohte das Geschäft der Gesellschaften zusammenzubrechen, weil in diesen unsicheren Zeiten Europa als Reiseziel nicht nachgefragt wurde. Deswegen annoncierte die *Holland-America Line* Mitte August: „Wir nehmen wieder Deutsche an Bord“. Carl Röthemeyer buchte eine 7-tägige Überfahrt[4] für den 25. August 1914 auf der *Nieuw Amsterdam* nach Rotterdam. Insgesamt hatten 1.068 Personen diese Passage gebucht. Circa 700 von ihnen waren wehrpflichtige Männer aus Deutschland und Österreich.

[4] In der Passagierliste der *Holland-America Line* ist Carl Röthemeyer unter der Nummer B 1801 als Passagier mit einem Ticket 3. Klasse vermerkt.

Abbildung 3: Postkarte Passagierschiff *Nieuw Amsterdam* der Holland-America Line (Archives départementales du Finistère)

MIT AN Bord waren zwei Personen, die später über die Ereignisse während der Überfahrt berichteten: Der Dichter Hermann von Boetticher hatte seine Reise in den Vereinigten Staaten abgebrochen, um wegen des Ausbruchs des Krieges zurück in die Heimat zu fahren „aus Gründen, die ein jeder Deutscher begeift."[5] Edward Eyre Hunt, ein amerikanischer Abgesandter von der Kommission des Belgischen Hilfswerks, reiste nach Belgien, um dort die Situation zu erkunden.

[5] Hermann von Boetticher *Erlebnisse aus Freiheit und Gefangenschaft*, S. 51.
Dieses Buch erschien bereits 1919 im S. Fischer Verlag, Berlin.

VOR DEM Auslaufen des Schiffs kam es bereits zu Spannungen. Patrioten stimmten Lieder an wie *Deutschland, Deutschland über alles*, *Die Wacht am Rhein* oder *Heil dir im Siegerkranz* und ließen sogar lautstark den Kaiser hochleben. Die anderen Passagiere waren befremdet und fühlten sich unwohl.[6]

Während der Überfahrt war die Stimmung angespannt wegen des militaristischen Verhaltens vieler Reservisten. Es gab jedoch auch friedliche Momente. Hermann von Boetticher beschreibt einen Sonnentag an Deck: „Es war ganz warm und windstill auf dem Deck. Die Pioniere

[6] Vgl. Edward Eyre Hunt *War Bread, a personal Narrative of the War and Relief in Belgium*, in: Artikel *Le récit de la capture de Nieuw Amsterdam par Edward Eyre Hunt* von Monique Drévillon.

des deutschen Handels liegen hingestreckt und sonnen sich. Aus Chile, Brasilien, Bolivia, Peru, Kolumbien, Venezuela, Kostarika, Panama, Guatemala, Ekuador und Mexiko kommen sie und aus den Vereinigten Staaten und Kanada. Lagerhäuser, Fabriken und Bureaus mit perlender Arbeit verblassen, aber auch die einsamen Farmen und Plantagen, weite Pampas, dunkle Bergwerke und wehende Steppen - Fordernd und mächtig steht vor dem Auge nur eins: Zurück! Die Heimat ist in Not."[7]

[7] Hermann von Boetticher, *Erlebnisse aus Freiheit und Gefangenschaft*, S. 69.

ALS DIE *Nieuw Amsterdam* sich Europa näherte, nahm die Unruhe zu. Die österreichischen und deutschen Reservisten befürchteten einen Übergriff der englischen Marine. Als sie erfuhren, dass der Dampfer *Potsdam* von einem britischen Kreuzer gezwungen wurde, nach Falmouth einzulaufen und dass Deutsche und Österreicher von Bord geholt worden waren, versuchten sie sogar, den Kapitän zum Umkehren zu bewegen.[8]

[8] Vgl. Edward Eyre Hunt *War Bread, a personal Narrative of the War and Relief in Belgium*, in: Artikel *Le recit de la capture de Nieuw Amsterdam par Edward Eyre Hunt* von Monique Drévillon.

ES WAR nicht die englische Marine, sondern die französische, die die *Nieuw Amsterdam* stoppen sollte. Vize-Amiral Berryer schildert die Aufbringung des holländischen Passagierschiffs:[9] „Die *Nieuw Amsterdam* ist am Morgen des 2. September westlich der Casquet-Inseln durch den Hilfskreuzer *Savoie* aufgebracht und am folgenden Tag nach Brest geleitet worden. Die Passagiere waren größtenteils Deutsche und Österreich-Ungarn aus Nord- und Mittelamerika, die, zum Kriegsdienst einberufen, in ihre Heimatländer fahren wollten. Obwohl einige von ihnen ihre Militärpapiere ins Meer geworfen haben, besteht über ihr Reiseziel kein Zweifel, und diese selbst haben nicht ernsthaft versucht, das zu bestreiten." Außerdem bestand der Verdacht, dass die *Nieuw Amsterdam* 1.000 Tonnen illegaler Waren mit an Bord hatte. Die französische Marine konfiszierte deshalb die gesamte

[9] Auszug aus dem Brief 769 M des Vize-Admirals Berryer, Oberbefehlshaber, Seepräfekt, Gouverneur, an den Marine-Minister, vom 28.10.1914, in: Artikel *Le rapport officiel de la marine francaise* von Bernard Jacquet.

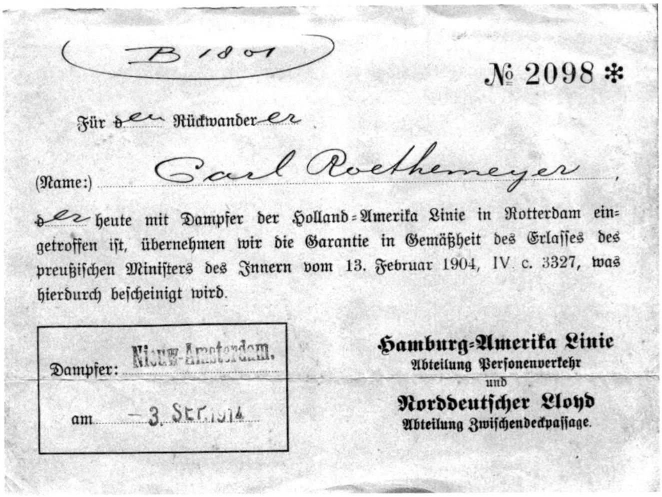

B 1801

№ 2098 *

Für der Rückwanderer

(Name:) Carl Roethemeyer,

der heute mit Dampfer der Holland-Amerika Linie in Rotterdam eingetroffen ist, übernehmen wir die Garantie in Gemäßheit des Erlasses des preußischen Ministers des Innern vom 13. Februar 1904, IV. c. 3327, was hierdurch bescheinigt wird.

Dampfer: Nieuw-Amsterdam.

am 3. SEP. 1914

Hamburg-Amerika Linie
Abteilung Personenverkehr
und
Norddeutscher Lloyd
Abteilung Zwischendeckpassage.

Abbildung 4: Ausschiffungspapier der Hamburg-Amerika Linie des Carl Röthemeyer, 3.09.1914

Ladung und setzte 730 verdächtige Passagiere fest.

Carl Röthemeyer und seine Leidensgenossen bekamen ihre Ausschiffungspapiere ausgehändigt und mussten dann das Schiff verlassen. „In langen Reihen, das tragbare Gepäck am Arm, verlassen die deutschen und österreichisch-ungarischen Völker das Schiff. Kohlenkähne sind zusammengekoppelt und warten geduldig an Kiel und Bug. Eine Falltreppe und ein Brett führt sicher aus der ‚New Amsterdam' in ihre schmutzigen Bäuche die Passagiere hin: weißbärtige Herren in hellem Überrock; verwilderte Burschen mit unrasiertem Kinn; weltsichere Männer mit Gleichmut im Gesicht; kantige Kerls mit zuckendem Stahl im Blick; einfache Alte mit traurig gesenkter Stirn und lächelnde Jugend im Auge lebendigen Sinn."[10]

So wurde von der französischen Marine ein neutrales Schiff aufgebracht, das von einem neutralen Land zu

[10] Hermann von Boetticher, *Erlebnisse aus Freiheit und Gefangenschaft*, S. 75.

einem anderen neutralen Land fahren wollte. Das widersprach geltendem Recht. Der wegen der Beschlagnahme der Ladung entstandene diplomatische Konflikt mit den Niederlanden und den Vereinigten Staaten konnte bis 1923 nicht abschließend geklärt werden. Die Gefangennahme von 730 Männern auf einem neutralen Passagierschiff hat weniger Proteste hervorgerufen oder rechtliche Folgen gehabt.

VON französischer Seite war man noch nicht darauf vorbereitet, eine solche Anzahl von Gefangenen unterzubringen. Vize-Admiral Berryer beschreibt das weitere Vorgehen: „Nach Abschluss der ersten Aufteilung wurden alle als Unteroffiziere oder Soldaten eingestuften Gefangenen zur Internierung ins Fort von Crozon gebracht. 32 Deutsche bzw. Österreicher, die sich als Offiziere auswiesen, wurden bis zur Fertigstellung einer besonderen Unterbringung in das Gefängnis von Bouguen (Brest) eingewiesen."[11]

[11] Auszug aus dem Brief 769 M des Vize-Admirals Berryer, Oberbefehlshaber, Seepräfekt, Gouverneur, an den Marine-Minister vom 28.10.1914, in : Artikel *Le rapport officiel de la marine francaise* von Bernard Jacquet.

Im Fort Crozon

Die Gefangenen, die im Fort Crozon untergebracht werden sollten, wurden von Brest zum Hafen Le Fret, unweit von Île Longue, gebracht; unter ihnen Carl Röthemeyer und Hermann von Boetticher.

„Der kleine grauweiße Fischerhafen ist von ruhenden Segelbooten gefüllt. Netze hängen überall, Fischer stehen müde in den Abend hin. Voll geheimer Sehnsucht grüßt ihr Leben uns. Von den goldgrünen Hängen lösen sich rote und blaue Gestalten. Abenddunkle Rufe klingen durch die Luft. Alle Dinge stehen auf einmal zueinander in tiefem geheimen Bezug. Gedrückt und lauschend sehen Gesichter aus dem Halbdunkel heraus; bretonische Frauen, Knaben und Mädchen kommen in klappernden Holzschuhen und glauben an Spuk. Bajonette blinken und von den Uniformen das Rot. In langem Zug schreiten wir an harten Gewehrkolben vorbei. Die Häuser treten immer tiefer in die Nacht zurück, durch ihre Fenster bricht gelbes Licht. Zwischen Hafen und Dorf geht die Straße hin. Vor einem niederen Gebäude, einem verlassenen Ziegenstall, stehen wir still. Seine Tür steht weit auf, zu beiden Seiten Posten mit blinkendem Gewehr, wir reichen durch sie hindurch unser Gepäck in schwarze Finsternis und schreiten wieder weiter in endlosem Zug. Hinter uns weigert sich eine Stimme. ... Dann tönt in der wartenden Stille ein Schuß. ... ‚Was ist, Korporal?' ‚Man hat getötet, still!'"[12]

[12] Hermann von Boetticher, *Erlebnisse aus Freiheit und Gefangenschaft*, S. 77 f.

Ein Österreicher hatte sich geweigert, seinen Koffer, in dem er 3.000 Dollar transportierte, abzugeben. Sein Widerstand war so heftig, dass ein Leutnant zur See auf ihn zielte und ihn erschoss. Die nächtliche Wanderung zum Fort Crozon war sowohl für die Gefangenen als auch für die Soldaten Furcht erregend. Für die bretonischen Soldaten war diese Aktion bestimmt keine Routine-Angelegenheit, wahrscheinlich war es ihr erster Einsatz in Kriegszeiten.

Im alten Fort Crozon angekommen, wurden die Gefangenen in ein Gewölbe gebracht. „Durch dunkle Gänge geht es eine Treppe herauf; wieder in einen unübersehbaren Gang, dann: Halt! Der Schlüssel des Korporals ist rostig und lärmt im Schloß. Als die Tür aufgeht, taumeln wir in ein bleiches Gewölbe hinein. In der Mitte liegt ein Haufen Stroh, der ist zum Schlafen für uns. Die Tür fliegt zu.

Eine halbe Stunde später rasselt es draußen im Gang. Die Tür öffnet sich, eine Laterne und zwei Posten mit aufgepflanztem Bajonett treten herein, zwischen ihnen

Abbildung 5: Die Gefangenen im Fort Crozon, Zeichnung von Max Pretzfelder, aus: IW (Lagerzeitung *Insel-Woche*) Nr. 47 vom 24.02.1918 (Archives départementales du Finistère)

durch ein langer Offizier mit einem Revolver in der vorgestreckten Hand: ‚Liegen bleiben, oder ich schieße', ruft er sanft. Dann bringen hinter ihm Soldaten Essen und ein Faß für die Notdurft herein. Der lange Offizier aber erklärt uns für Gefangene und läßt uns, den Revolver einziehend, allein.

Die Nacht ist um, Flüstern, Ächzen, Schnarchen, Flüche und Träume. Eine graue Helligkeit bricht in die dünnen Ritzen durch die Fensterschienen herein. Fröstelnde, wie schmutzige Wäsche zusammengeknäulte Gestalten richten sich auf und sehen einander in das verwandelte Gesicht. Stroh sitzt in Hemden und Haar, die Augen sind klein und rot, die Antlitze gefleckt oder bleich."[13]

[13] Hermann von Boetticher, *Erlebnisse aus Freiheit und Gefangenschaft*, S. 80 f.

CARL war, wie auch Hermann von Boetticher, mit jeweils 70 Männern in einem Gewölbe zusammengepfercht worden. 20 Tage mussten die Gefangenen in diesem düsteren Fort unter unwürdigen Bedingungen zubringen. Etliche von ihnen, darunter auch Hermann von Boetticher, erkrankten. Es war der schrecklichste September, den Carl je erlebt hatte.

DER 14. September 1914 ist in der Familienbibel der Röthemeyers vermerkt. Nicht nur Carl, auch seinen zwei Jahre älteren Bruder Ernst, hatte es nach Frankreich verschlagen. Ernst, ein Bankkaufmann, trat gleich zu Beginn des Krieges in die Armee ein. Als Offiziers-Stellvertreter der 6. Kompanie des Reserve-Infanterie-Regiments 16 kämpfte er um die Höhenstellung des *Chemin des Dames* gegen die Engländer und Franzosen.

Abbildung 6: Foto Ernst Röthemeyer, 1914

Es wird eher Trauerbewältigung als Patriotismus gewesen sein, dass Friederike Röthemeyer, seine Mutter, in die Bibel schrieb: „Am 14. September 1914 starb er in Cerny-en-Laonnois den Heldentod."

Auf dem Kriegsschiff Charles Martel

Die Haftbedingungen im Fort Crozon waren so katastrophal, dass als Zwischenlösung das alte Kriegsschiff *Charles Martel* umgerüstet wurde. Nach drei Wochen war es endlich so weit. Die Gefangenen wanderten zum

Abbildung 7: Postkarte Kriegsschiff *Charles Martel*

Fischerhafen Le Fret zurück, von wo aus sie mit kleinen Booten zum Hafen von Brest gebracht wurden. Dort ankerte ihr schwimmendes Gefängnis.

„Es ist der *Charles Martell*, ein stolzes Kriegsschiff aus vergangenem Jahrzehnt, jetzt nur ein dunkles Hindernis, als altes Eisen verkauft. Wir klettern die eisernen Treppen herauf und treten in der Dämmerung auf dem höchsten Decke an. Verspätete Möwen umkreisen Turm und Mast. Blaue Schatten senken sich tiefer herab. Ein kühler Wind weht vom Kanal her. Wir ziehen mit Hängematten, wie Fischer mit Netzen am Abend, über Schulter und Arm müde im dunklen Schiff umher und suchen Platz für die Nacht. Als wir liegen, irgendwo hingestreckt, schlafen wir süß mit freundlichen Gefühlen in der Brust."[14]

[14] Hermann von Boetticher, *Erlebnisse aus Freiheit und Gefangenschaft*, S. 89.

Carl und seine Leidensgenossen waren erleichtert, das düstere Fort Crozon hinter sich gelassen zu haben. Tagsüber konnten sie sich auf dem Schiff relativ frei bewegen. Ihr Schlafplatz befand sich unter Deck. Hermann von Boetticher beschreibt, dass sie wie große Fledermäuse in ihren Matten unter Deck hingen. Aber sie konnten das Meer sehen, manche hatten sogar über den Hafen hinweg einen Blick auf Brest.

NACH zehn Tagen veränderte sich die Situation auf dem Schiff. In zwei Booten kamen die ersten Verwundeten an Bord. „So langsam kommen sie. So von weit her. Fuß vor Fuß und Schritt für Schritt die eiserne Treppe herauf. Das ganze Schiff wird still. Freund und Feind hält in der Kehle das Wort. Matt, bleich und hinkend, mit blutigen Tüchern, schmutzig und weiß, in zerrissenem Rock, ohne Mütze und Knopf. Gestützt auf Schultern und Krücken, die Stirn geneigt, im Auge Verstörtheit, unschuldige Frage und Fieberglanz, den Mund verschüttet in Qual, tragen sie die Schuld des Menschen am Menschen in stummer Anklage hin. Wir betten sie auf den Boden, wo Platz ist, hin. Als der letzte untergebracht ist, ist der alte Panzer bis in die Küchengänge gefüllt."[15]

Die Gefangenen waren begierig, Neuigkeiten von der Front zu hören. Sie saßen bei den Verwundeten und lauschten ihren Berichten. Von „Heldentaten" oder „Heldentod" werden die wenigsten erzählt haben, eher von der grausamen Realität des Kampfgeschehens.

Carl dachte voller Sorge an seine Brüder Ernst und Friedrich, die beide in den Krieg gezogen waren und von deren Schicksal er nichts wusste.

WEITERE sechs lange Wochen mussten die meisten der Gefangenen noch auf dem Schiff zubringen. In ihnen wuchs die Ungeduld und viele von ihnen liefen unruhig auf dem Schiff hin und her. Die Tage wurden kürzer, Herbststürme kamen auf, die Temperaturen sanken so wie auch das „Stimmungsbarometer". „Immer seltener können die Gefangenen auf geschütztem Platz in der Sonne liegen und Vergangenheit, Gegenwart und Zukunft in den Himmel verträumen."[16]

[15] Hermann von Boetticher, *Erlebnisse aus Freiheit und Gefangenschaft*, S. 91.

[16] Hermann von Boetticher, *Erlebnisse aus Freiheit und Gefangenschaft*, S. 91.

Abbildung 8: Foto Ernst und Friederike Röthemeyer

CARL hatte viel Zeit, über sich und sein Leben nachzudenken.

Im Jahr 1851 fasste sein Großvater Heinrich Röthemeyer den Entschluss, am neu errichteten Durchgangsbahnhof in Bad Oeynhausen eine Gastwirtschaft zu errichten. Die Gemeinde Oeynhausen war ein aufstrebender Kurort: Im Jahr 1860 wurde die Gemeinde Oeynhausen zur Stadt erhoben und führte bald darauf den Titel „Königliches Bad Oeynhausen".

Carls Vater, Ernst Röthemeyer, übernahm die Gastwirtschaft von seinem Vater. Er hatte eine Frau geheiratet, die für einen solchen Betrieb gut geeignet war. Friederike stammte von einem Hof und hatte ihre Ausbildung, das „Mädchenjahr", auf dem Gut Ribbentrup am Vierenberg bei Schötmar absolviert. Sie war dafür bekannt, dass sie gut kochte. Der Spruch „Unser Rikchen ist ein Rieben-Donnerschlag" war das Urteil der Ribbentrops über ihre Kochkünste, in dem sie andeuteten, dass Friederikes Kochkünste insbesondere auf die reichhaltige Auswahl guter Zutaten zurückzuführen war.

Am 30. April 1891 wurde Carl in Bad Oeynhausen geboren und wuchs mit seinen fünf Geschwistern in

Abbildung 9: Foto Die Kinder von Ernst und Friederike Röthemeyer, 1902

Von links: Carl, Herbert, Friedrich, Elfriede, Ernst und Heinz (vorne).

unmittelbarer Nähe des Bahnhofs auf, der Bad Oeynhausen mit der großen weiten Welt verband. Das Rattern der Züge hat ihn wahrscheinlich in den Schlaf gewiegt.

Die Gastwirtschaft lief gut, denn die Entwicklung der Stadt war rasant. Namhafte Architekten wurden für die Gestaltung der Stadt gewonnen: Peter Josef Lenné entwarf den Kurpark, ein Schüler Schinkels plante den Bau des Badehauses. Zusammen mit den herrlichen Villen war es eine gelungene, architektonisch vielseitige Bebauung. Das Ensemble war auch als das „Architekturmuseum des 19. Jahrhunderts" bekannt.

Abbildung 10: Foto Haus (mit Gastwirtschaft) von Ernst Röthemeyer, Bad Oeynhausen, 1903

Inzwischen hatte Carl seine Schulzeit beendet. Nach dem Abschluß in der Realschule in Herford machte er eine kaufmännische Ausbildung bei der Im- und Exportfirma *Louis Ritz & Co.* in Hamburg. Diese Firma vertrieb vor allem Musikinstrumente der amerikanischen Firma *Estey Organ Company of Brattleboro* in Vermont. Nach seiner Lehrzeit entschloss er sich, in die Vereinigten Staaten zu fahren. Er wollte reisen, Land und Leute kennen lernen. Darüber hinaus waren die USA für die Kaufleute das, was Paris damals für die Künstler war, das Land der „unbegrenzten Möglichkeiten". Wirtschaft und Handel blühten, es gab neue Erkenntnisse zu Werbe- und Marketingkampagnen.

Carl bereiste die USA und Kanada. Zuletzt, im Jahr 1914, zur Zeit des Kriegsausbruchs, war er in Seattle beim deutschen Konsulat beschäftigt.

Seine nächste Reise war die Reise in die Gefangenschaft, die „direkte Verbindung" New York - Brest.

DA WAR er nun mitten in Kriegszeiten eingesperrt auf einem rostigen, französischen Kriegsschiff, verankert vor der damals noch schönen, weißen Hafenstadt. Er hatte einen Blick über die Rade von Brest auf die Halbinsel Crozon, auch auf die kleine Landzunge Île Longue, wo er fast drei Jahre seines Lebens hinter Stacheldraht zubringen würde. Die Wellen klatschten an die Schiffswand, die Möwen schrien und die Wolken zogen vorbei, so wie seine Gedanken. Wie wird er sich seine Zukunft vorgestellt und ausgemalt haben? Seine Vorstellungen waren mit Sicherheit anders als der tatsächliche Verlauf der nächsten Jahre.

NACH seinem dreijährigen Aufenthalt auf der Île Longue kam er in das Lager der Île d'Yeu im Departement Vendée, wo er in der Landwirtschaft bei verschiedenen Bauern arbeitete.

Im Jahr 1918 wurde er in die Freiheit entlassen und kehrte zurück zu seinen Eltern nach Bad Oeynhausen.

Carls älterer Bruder Ernst war in Frankreich gefallen, sein Bruder Friedrich hatte überlebt, auch Bruder Herbert kam gesund aus dem Internierungslager Pietermaritzburg aus Südafrika zurück. Die Söhne arbeiteten in den ersten Nachkriegsjahren im „elterlichen Geschäft".

Im April 1921 nahm Carl eine Stelle als Handelsvertreter bei der Firma *Kaffee HAG AG*, Bremen, an. Zuerst bearbeitete er den Bezirk Bad Oeynhausen, 1928 bekam er den größeren Bezirk Bielefeld mit den nahe gelegenen Bädern. Zu der damaligen Zeit war ein Handelsvertreter die Woche über sozusagen auf Reisen. Mit Sicherheit ist er in der Zeit als unabhängiger Junggeselle auch in andere Gegenden gefahren. Schiffsreisen in die weite Welt liebte er besonders. In seinen Unterlagen fanden wir neben den Bildern von seiner Frankreichreise mit dem eigenen Wagen auch Fotos von Fahrten nach Norwegen, nach Irland und von einem Helgolandaufenthalt.

Im Dezember 1933 heiratete er Lilly Ludewig. Die Hochzeitsreise führte sie durch das östliche Mittelmeer nach Ägypten. Es folgte eine Schiffsreise zu den Atlantischen Inseln nach Madeira.

Abbildung 11: Foto Carl und Lilly Röthemeyer, 1933

Zu Beginn des Zweiten Weltkriegs wurde er bei der Schutzpolizei in Bielefeld eingestellt und machte dort einen Dolmetscherkurs. Im Jahr 1941 arbeitete er als Zivilangestellter der Stadt Bielefeld und erledigte Dolmetscherarbeiten. Diese Aufgaben wurden ihm auch während der ersten Nachkriegsjahre übertragen. Er hatte inzwischen vier Kinder zu versorgen.

Carls jüngster Bruder Heinz wurde in Russland als vermisst gemeldet und kam nicht wieder zurück. Die Stadt Bad Oeynhausen war von Bombenangriffen weitgehend verschont geblieben, auch das Haus der Röthemeyers war unversehrt.

Die Entscheidung der britischen Armee, ihr Hauptquartier in Bad Oeynhausen zu errichten, veränderte das Leben der Menschen in dieser Stadt. Am Tag der Kapitulation, am 7. Mai 1945, rückten die Engländer ein und beschlagnahmten Teile der Innenstadt, darunter auch das Haus der Röthemeyers. Sie errichteten einen Stacheldrahtzaun, der das Kur- und Villenviertel und das Zentrum umfasste. 6.500 Menschen wurden evakuiert und in den schnell errichteten Baracken untergebracht. Die Besitzer wurden enteignet und erhielten monatlich eine kleine Rente. Erst 1950, also fünf Jahre später, wurde der Stacheldrahtzaun entfernt. Das Militär blieb weiterhin in den enteigneten Immobilien, der Kurbetrieb war eingestellt. Die Stadt verkam. Sie hatte ihr ursprüngliches Antlitz verloren.[17]

Diese Entwicklung musste Carl wie eine sonderbare und bittere Variante der Erlebnisse während seiner Gefangenschaft im Ersten Weltkrieg erschienen sein. Auch er hatte in einer Baracke leben müssen, damals jedoch innerhalb des durch Stacheldraht umzäunten Gebietes.

[17] Vgl. Jan Molitor, Artikel: *Oeynhausen - das Museum aus der Besatzungszeit*, als das Badehaus brannte - Ein antibritischer Protest und seine Hintergründe, aus: DIE ZEIT.

DIE Nachkriegszeit war schwierig, die wirtschaftliche Lage verbesserte sich erst nach Jahren. Carl war weiterhin für die Firma *Kaffee HAG AG* tätig. Zu der Zeit, als das Wirtschaftswunder in Deutschland spürbar wurde, erkrankte er an Parkinson. Er litt an den üblichen depressiven Verstimmungen, in den letzten Jahren auch an Verfolgungsängsten. Nach langer Krankheit starb er im Jahre 1962.

Seine Träume vom Reisen konnte er nicht mehr realisieren.

Das Lager

Zur Lösung des Problems der Unterbringung der Gefangenen wurde der Präfekt des Departements Finistère am 17. August 1914 beauftragt, Vorschläge zu machen. Bald darauf wurde die Entscheidung getroffen, ein Hauptlager für die Internierten auf der Île Longue zu errichten. Diese kleine Halbinsel schien wegen ihrer Lage ideal, weit entfernt von der Kriegsfront, nahe am Hafen von Brest, dünn besiedelt und darüber hinaus wegen ihrer schmalen Form leicht zu überwachen. Leicht zu schützen auch im Hinblick auf mögliche Übergriffe der Zivilbevölkerung, um sich eventuell an den „Feinden" zu rächen.

Aufbau des Lagers

Für die Errichtung des Lagers wurden gegen Ende Oktober Arbeiter unter den Gefangenen auf der *Charles Martel* angeworben. Auch Hermann von Boetticher meldete sich. Bei der Überfahrt befand er sich in ungewohnter Gesellschaft: „Wieder in kleine Dampfer hinein, wieder den Weg über die vielverzweigte Bucht. Die Hand im Wasser, seh' ich auf die Gesichter der Mitgefangenen im Boot. Es sind überwiegend österreichisch-ungarische Staatsangehörige: Serben, Rumänen, Ruthenen, Polen, Bosnier, Dalmatiner, Kroaten und Slowenen."[18]

[18] Hermann von Boetticher, *Erlebnisse aus Freiheit und Gefangenschaft*, S. 93.

Abbildung 12: Internierte beim Aufbau des Lagers. Eine Schiffsladung mit Brettern wird zum Lagergelände transportiert. (Marine Nationale : archives Ile Longue)

Abbildung 13: Internierte bei Bauarbeiten auf dem Lagergelände der Île Longue. (Marine Nationale : archives Ile Longue)

Abbildung 14: Aufstellen der Holzgerüste für die Baracken. (Marine Nationale : archives Ile Longue)

Abbildung 15: Die ersten Baracken sind fertiggestellt. (Marine Nationale : archives Ile Longue)

Als genügend Baracken fertiggestellt waren, wurden die Gefangenen nach und nach zum Hafen Le Fret gebracht. Die erste Gruppe bezog ihr neues Quartier am 11. November 1914.

Carl kam am 21. November im Lager an. Seine Personalien wurden für die Lagerkartei aufgenommen und er wurde in Baracke 13 eingewiesen. Am 24. November erreichte die letzte Gruppe der Gefangenen die Île Longue.

Hermann von Boetticher erlebte eine erstaunliche Entwicklung des Lebens im Lager: „Die ‚besseren Stände' sind angekommen. Wir haben genügend Baracken und Küchen gebaut, nun ziehen sie ein. Der *Charles Martell* ist geleert und vierzehn geteerte Hütten auf Ile-Longue dafür gefüllt. Der Kommandant des Lagers legt sich einen Sekretär und einen Adjutanten zu, die Posten werden entgegenkommend, ein üppiges Leben beginnt. Waschbaracken werden gebaut, eine Kantine errichtet, ein Tabakshäuschen, ein Verkaufsstand für Krämerinnen aus Le Fret, ein richtiges Bureau, ein Pferdestall, Vorratsräume und ein Abflußkanal.

Alles mit unserem Geld. Das heißt, mit dem Überfluß, der sich aus den höheren Verkaufs- als Einkaufspreisen der Kantine ergibt. Denn das Geld der wohlhabenden ‚Amerikaner' strömt und fließt. Ein Reingewinn von vielen tausend Franken wird monatlich von der Kantinenverwaltung erzielt."[19]

[19] Hermann von Boetticher, *Erlebnisse aus Freiheit und Gefangenschaft*, S. 117 f.

Das Lager wurde in den nächsten Monaten von den Internierten ausgebaut. Weitere Baracken mussten noch errichtet, Wege und eine Wasserleitung angelegt werden. Als das Lager komplett fertiggestellt war, befanden sich auf dem circa sieben Hektar großen Gelände mehr als 100 Baracken. 60 Baracken dienten als Unterkünfte

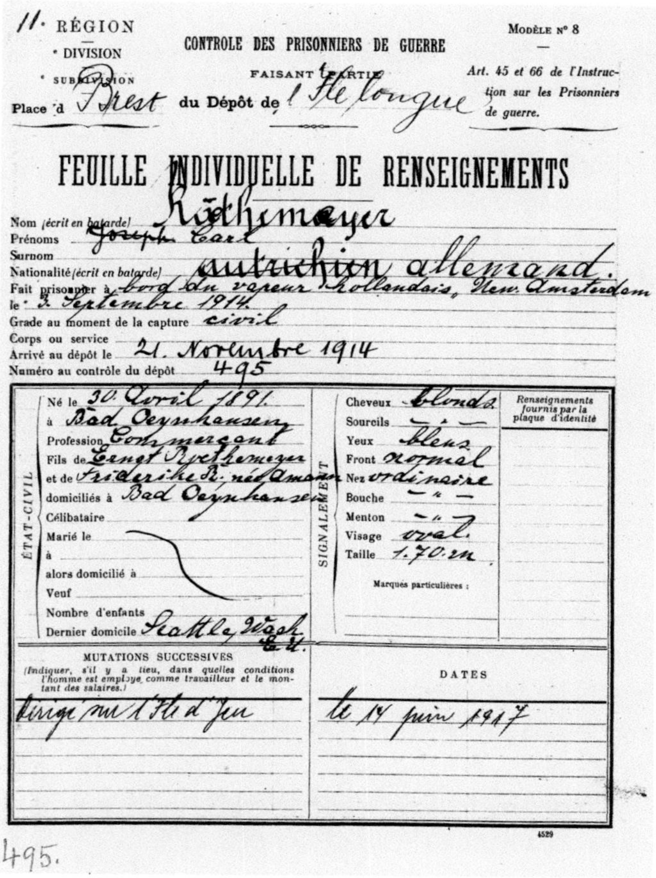
11. RÉGION — DIVISION — SUBDIVISION

CONTROLE DES PRISONNIERS DE GUERRE

MODÈLE N° 8

FAISANT PARTIE

Art. 45 et 66 de l'Instruction sur les Prisonniers de guerre.

Place d Brest du Dépôt de l'Ile Longue

FEUILLE INDIVIDUELLE DE RENSEIGNEMENTS

Nom (écrit en batarde) Röthemeyer
Prénoms Joseph Carl
Surnom
Nationalité (écrit en batarde) autrichien allemand.
Fait prisonnier à bord du vapeur hollandais, New Amsterdam
le 3 Septembre 1914.
Grade au moment de la capture civil
Corps ou service
Arrivé au dépôt le 21. Novembre 1914
Numéro au contrôle du dépôt 495

ÉTAT-CIVIL
Né le 30. Avril 1891.
à Bad Oeynhausen
Profession Commerçant
Fils de Ernst Roethemeyer
et de Friderike R. née Amann
domiciliés à Bad Oeynhausen
Célibataire
Marié le
à
alors domicilié à
Veuf
Nombre d'enfants
Dernier domicile Seattle, Wash. E.U.

SIGNALEMENT
Cheveux blonds
Sourcils — " —
Yeux bleus
Front normal
Nez ordinaire
Bouche — " —
Menton — " —
Visage oval.
Taille 1.70 m
Marques particulières :

Renseignements fournis par la plaque d'identité

MUTATIONS SUCCESSIVES (Indiquer, s'il y a lieu, dans quelles conditions l'homme est employé comme travailleur et le montant des salaires.)	DATES
dirigé sur l'Ile d'Yeu	le 14 juin 1917

4529

495.

Abbildung 16: *Feuille individuelle de renseignements* des Carl Röthemeyer aus der Lagerkartei des Dépot de l'Ile Longue (Archives départementales du Finistère)

In der Lagerkartei befindet sich ein weiteres Dokument, auf dem die Ankunft von Carl Röthemeyer registriert worden ist. Es handelt sich um ein anderes (3-seitiges) Formular, das leicht abweichende Daten enthält (Gefangennahme: 2.09.1914, Ankunft auf der Île Longue: 25.11.1914, Größe 1.75 m), jedoch weniger Informationen zu seiner Person (wie Haarfarbe, Gesichtsform).

für jeweils 40 Internierte. Zusätzlich waren acht weitere mobile Baracken – so genannte Adrian-Baracken - für jeweils 60 Mann errichtet worden. Außerdem gab es Baracken für das Wachpersonal und Büros für das Militär, weitere Baracken für die Unterbringung von Küchen, Kantine, Latrinen, Waschgelegenheiten, Krankenstation oder als Lagerraum.[20]

Abgesperrt war das ganze Gelände durch zwei Stacheldrahtverhaue mit einem Wachweg.

[20] Vgl. dazu Lageplan des Internierungslagers am Anfang des Buches (Archives départementales du Finistère).

Bereits im Januar 1915 besichtigte eine Delegation vom Schweizerischen *Roten Kreuz* das neue Lager.[21] Die Unterkünfte mit Schlafplätzen auf Strohsäcken (wie bei den französischen Truppen üblich) wurden als trocken und ausreichend belüftet bewertet. Jeder hätte eine eigene Decke – wenn auch stark abgenutzt - , es mangele jedoch vielen Bedürftigen an Bekleidung und Wäsche. Die Verpflegung wurde als sehr ausreichend und sehr gut eingestuft, der Gesundheitszustand als zufriedenstellend, 12 leicht Erkrankte, ein starker Befall von Würmern, Läusen und Krätze - jedoch kein Typhus. Das Lager und der Lagerleiter, der Kommandant A. Alleau, wurden gut bewertet.

[21] Vgl. Inspektionsbericht einer Delegation vom *Roten Kreuz* der Herren d'Anthouard und Marval, Genf, 15.02.1915, in: Artikel *Les inspections* von Anne Jacquet und Didier Cadiou.

In ihrem Bericht erwähnten die Inspektoren, dass die Internierten (150 Soldaten und 701 Zivilisten) mit dem Bau von weiteren Baracken und Wegen beschäftigt waren.

Im Frühjahr 1915 erhielten die Internierten die Genehmigung, einen Sportplatz für verschiedene Sportarten anzulegen. Sie sammelten Geld für die Materialien und erledigten die notwendigen Arbeiten selbst.

Im Sommer durften die Internierten sogar bei gutem Wetter im Meer baden und schwimmen - natürlich unter strengster Bewachung.

Carl hatte Glück im Unglück: Das Lager auf der Île Longue war gut ausgestattet, hatte ein reichhaltiges Freizeitangebot und gehörte zu den mit am besten geführten Gefangenenlagern in Frankreich.

Abbildung 17: Badeplatz für die Internierten (Marine Nationale : archives Ile Longue)

Rahmenbedingungen

In erster Linie war dies ein Erfolg des internationalen humanitären Völkerrechts.

Erste Beschlüsse dazu wurden bereits 1864 durch die erste Genfer Konvention und durch die Haager Konventionen gefasst. Diese wurden dann auf den Friedenskonferenzen von 1899 und 1907 beschlossen. Insbesondere die Haager Landkriegsordnung von 1907 enthielt

Abbildung 18: Das Internierungslager auf der Île Longue, Grafik von Max Pretzfelder, aus: Kunstmappe (Bibliothèque nationale et universitaire de Strasbourg)

verschiedene kriegsvölkerrechtliche Regelungen zur Behandlung von Kriegsgefangenen und Zivilpersonen. Obwohl diese Ordnung nicht von allen kriegsführenden Staaten unterzeichnet worden war, hatten die größten Staaten, die an dem Krieg beteiligt waren, diese Grundsätze faktisch anerkannt, so auch Frankreich.

Darüber hinaus entwickelte sich im Laufe der Zeit ein Prinzip der Gegenseitigkeit bzw. ein System der gegenseitigen Vergeltung, wenn dieses Prinzip verletzt wurde. Damit entstand eine Art Balance, wonach die Franzosen die deutschen Internierten so behandelten, wie die Deutschen ihre französischen Internierten.

KOMMANDANT A. Alleau war in den ersten Jahren für die Leitung des Lagers zuständig. In dieser schwierigen

Zeit mit ganz unbekannten Aufgaben und Herausforderungen hat er das Lager so entwickelt, dass es bereits im Januar 1915 von den Inspektoren gut bewertet wurde. Er stellte die Rahmenbedingungen mit Regelungen für die Versorgung und das Verhalten der Häftlinge auf, um einen reibungslosen Umgang miteinander zu ermöglichen.

Besondere Schwierigkeiten für die Lagerleitung ergaben sich dadurch, dass Soldaten zusammen mit Zivilgefangenen auf der Île Longue untergebracht worden waren, was nicht der Regelfall war. Für das Lager war somit in der ersten Zeit das Kriegsministerium zuständig. Dieses sollte sich für die Zivilinternierten als Nachteil erweisen, denn die Reglements für Militärgefangene waren restriktiver als die für Zivilinternierte. Militärische Strukturen sind deshalb auch Grundlage für die zu Anfang

Abbildung 19: Appell (Marine Nationale : archives Ile Longue)

erlassenen Bestimmungen gewesen.

Mit einem detaillierten Plan vom Wecken um 6:00 Uhr bis hin zum Erlöschen der Feuer um 21:30 Uhr wurde der Tagesablauf genau festgelegt. Das Appellsignal einer Trompete rief die Gefangenen am Morgen und am Abend zusammen.[22]

[22] Vgl. Anne Jacquet und Yvette Boissy, Artikel *Le réglement, la discipline, les punitions.*

Für jede Baracke wurde ein Internierter als *Chef* bestimmt. Dieser war zuständig für die Gruppe in seiner Baracke und diente der Lagerleitung als Ansprechpartner.

Die medizinische Versorgung wurde geregelt: Für ernstere Fälle war das Marine-Krankenhaus in Brest zuständig. Im alten Fort, das an der Spitze der Île Longue lag, wurde eine Krankenstation eingerichtet. Später wurden dafür auch leerstehende Baracken innerhalb des Lagers benutzt. Da nicht genügend französische Ärzte zur Verfügung standen, zog die Lagerleitung auch Ärzte, die sich unter den Internierten befanden, hinzu. Medikamente und Materialien für die Behandlung mussten von den Internierten selbst bezahlt werden.

Die Kommunikation nach außerhalb des Lagers wurde reglementiert, ein Instrumentarium für die Zensur aufgebaut. Dies betraf sowohl die Briefe der Internierten in die Heimat als auch Post und Pakete von den Angehörigen ins Lager.

Wie sich die Zensur auf den Inhalt der per Brief ausgetauschten Informationen auswirkte, kann man an der sachlich geschriebenen Postkarte von Carls Bruder Herbert aus dem Internierungslager Pietermaritzburg, Südafrika, vom 24. Februar 1916 erkennen. Die Stempel belegen, dass der Inhalt dieser Nachricht zweimal kontrolliert wurde – in Südafrika und in Frankreich.

Abbildung 20: Postkarte von Herbert Röthemeyer aus dem Internierungslager Pietermaritzburg, Südafrika, an seinen Bruder Carl im Lager Île Longue, Frankreich, vom 24.02.1916

„My dear brother, Your card of the 14th. at hand. Many thanks. I send you a photo of our *Liedertafel*. How are you getting on with your studies? Now I am very fond of chess playing and hope to give you a good game, if you are home again. With the best wishes and regards your affectionate brother Herbert Röthemeyer"

DRUCKERZEUGNISSE durften den Internierten nicht zugeschickt werden. In der ersten Zeit war es den Internierten nur erlaubt, die Brester Tageszeitung zu lesen. Ab Herbst 1915 gab es bereits drei französische Zeitungen[23] im Lager zu kaufen. In den Folgejahren wurden nahezu 40 verschiedene Zeitungen und Zeitschriften aus den Ländern der Entente und ihren Verbündeten sowie aus neutralen Staaten angeboten. Es gab ein vielfältiges Angebot für die verschiedensten Interessen und Gewohnheiten. Diese Zeitschriften waren für die Internierten besonders wichtig als Informationsquelle. Sie waren sich natürlich darüber im Klaren, dass die Presse in Frankreich anders berichtete als die Presse in ihrem Heimatland, und es entbrannten heftige Debatten.

[23] Eugen Lenz benennt die Zeitungen: *Le Matin*, *Le Journal* und *Le Petit Parisien*.

Vgl. Eugen Lenz, *Bericht des Kriegsgefangenen Eugen Lenz über seinen Aufenhalt im Lager Île Longue.*

Abbildung 21: Pakete und Post aus der Heimat (Marine Nationale : archives Ile Longue)

KAM ES infolge von politischen Berichten zu Aufruhr und Disziplinlosigkeit, so konnte eine kollektive Strafe verhängt werden. Eine dieser Strafen war, die Zeitungslieferungen auszusetzen.[24]

Zu einem solchen Zwischenfall kam es in der Nacht vom 7. auf den 8. Dezember 1916. Die Internierten hatten aus der Zeitung die Nachricht über den Einmarsch der deutschen Truppen in Bukarest am 6. Dezember erfahren. Deutsche und Österreicher diskutierten vor ihren Baracken mitten in der Nacht wohl lautstark über die Einnahme von Bukarest. Eine kollektive Strafe wurde verhängt. Zehn Tage lang waren keine Zeitungen zu erhalten.

[24] Vgl. Anne Jacquet und Yvette Boissy, Artikel *Le réglement, la discipline, les punitions.*

ARBEITSMÖGLICHKEITEN gab es innerhalb und außerhalb des Lagers. Arbeitspflicht bestand nur für Soldaten.

Abbildung 22: Internierte bei ihrem Dienst als Proviantschlepper (Marine Nationale : archives Ile Longue)

Die Zivilinternierten mussten jedoch Lagerdienste leisten. Diese Tätigkeiten nannten die Internierten „corvée“ bzw. eingedeutscht „Korweh“ oder „Frondienst“.

Für welchen Pflichtdienst sich Carl gemeldet hat, ist nicht bekannt, ich könnte mir jedoch zwei Szenarien vorstellen: Entweder Arbeiten in der Küche, denn er legte Wert auf gutes Essen; oder aber die Tätigkeit als „Proviantschlepper“. Dies war zwar eine schwere Arbeit, aber er konnte so für kurze Zeit das eingezäunte Gelände verlassen.

Für Zivilinternierte war es auch möglich, sich freiwillig für weitere Arbeiten innerhalb und außerhalb des Lagers zu melden. Davon machten zahlreiche Internierte Gebrauch, um die Monotonie des Lagerlebens zu unterbrechen. Viele von ihnen waren außerhalb des Lagers beschäftigt: beim Bau der Gleisarbeiten der Bahnlinie Chateaulin-Camaret und vor allem in der Landwirtschaft auf den Feldern der Departements Eure und Allier. Die Internierten erhielten für ihre Arbeit einen Lohn, der in *Lagergeld* ausgezahlt wurde.

Französisches Geld durften die Internierten nicht besitzen. Der Lohn wurde in „bons" ausgezahlt, auch „tickets" genannt. Dies waren viereckige, verschiedenfarbige Kartonscheine mit einem Aufdruck, der den Wert bezifferte, wie 1 fr., 2 fr. etc.

Wer französisches Geld hatte, musste es dem Lagerleiter aushändigen und bekam dafür die entsprechende Anzahl von „bons", die nur im Lager gültig waren. Mit dieser Maßnahme sollten Ausbrüche erschwert werden.

Abbildung 23: Lagergeld, „Bons" aus Karton, 2 und 5 Francs (Archives départementales du Finistère)

Den Bestimmungen des internationalen Völkerrechts gemäß führten verschiedene Organisationen Inspektionen durch. Der Zustand der Lager und die Behandlung der Kriegsgefangenen und Internierten wurden in regelmäßigen Abständen kontrolliert. Die Internierten konnten Vertrauenspersonen bestellen, die ihre Interessen und Wünsche vortrugen. Über die Inspektionen wurden ausführliche Berichte geschrieben.

Diese Inspektionen wurden durchgeführt von der französischen Verwaltung (préfet und sous-préfet), der Botschaft der Vereinigten Staaten, dem *Roten Kreuz* und von Delegationen der Schweizer Regierung.

Dass auch das Prinzip der „Gegenseitigkeit" ein wichtiges Kriterium war, zeigt eine ministerielle Depesche vom 26. Januar 1916. Es wurde angeordnet, dass die deutschen Gefangenen in Frankreich genau die gleiche Nahrung erhalten sollten, wie die gefangenen Franzosen in Deutschland.

Abbildung 24: Mittagsmahl im Freien: Es wurde in kleinen Gruppen gekocht und dann gemeinsam gegessen. (Marine Nationale : archives Ile Longue)

Ein Bericht der Inspektoren enthält dann auch einen Ernährungsplan mit der detaillierten Aufstellung von Nahrungsmitteln und entsprechenden Gewichtsangaben für Kartoffeln, Reis, getrocknete Bohnen und Linsen, Kohl, Karotten, Rüben, Fleisch.[25]

[25] Vgl. Inspektionsbericht des Herrn Oberst Pagan vom *Roten Kreuz*, 7.02.1919, in: Artikel von Anne Jacquet und Didier Cadiou *Les inspections*.

Selbstorganisation und Verhandlungen

Die Internierten, die im November 1914 die Île Longue betraten, waren eine sehr heterogene Gruppe. Weitere Gefangene unterschiedlicher Herkunft kamen bald hinzu: Soldaten von der Front und 19 Passagiere des holländischen Dampfers *Tubantia*, der auf dem Weg von Buenos Aires nach Amsterdam aufgebracht worden war. Man hatte angenommen, dass die Passagiere Deutsche waren; einige von ihnen besaßen jedoch argentinische, chilenische oder brasilianische Papiere, andere stammten aus Ungarn und aus der Türkei.[26]

[26] Vgl. Didier Cadiou, *Un camp d'internement sur l'Île Longue.*

An Bord der *Tubantia* befanden sich 500.000 Pfund in Gold, auch aus deutschem Besitz, die für die Deutsche Bank in London bestimmt waren. Das Gold sowie die übrige Ladung wurden beschlagnahmt.

VIELE der Internierten auf der Île Longue waren Kaufleute oder Intellektuelle, die es gewohnt waren, Verhandlungen zu führen, Geschäfte zu tätigen und ihre Interessen durchzusetzen. Viele von ihnen hatten bereits Französisch-Kenntnisse, weitere bemühten sich, die Sprache zu erlernen. Die Fähigkeiten der Kommunikation, der Verhandlungsführung und nicht zuletzt ihre Kreativität benutzten sie, um im Rahmen der Gegebenheiten ihre Haftbedingungen zu verbessern und Handlungsspielräume zu erweitern. Die französische Lagerleitung ging in vielen Fällen auf die Vorschläge der Internierten ein.

Für die Akteure bei den Internierten gab es meist mehrere Gründe, sich einzumischen und einzusetzen.

Abbildung 25: Ein Gefangener, wahrscheinlich von der *Tubantia*, während der Überfahrt zur Île Longue. (Marine Nationale : archives Ile Longue)

Ein Wille zur Gestaltung wird eine Rolle gespielt haben, aber auch ein soziales und gesellschaftliches Verantwortungsbewusstsein. Ein wichtiger Grund war außerdem, dass ein solches Betätigungsfeld eine Art Therapie war. Sie wirkte den drohenden Gefahren eines Lagerlebens entgegen: Der Verzweiflung, der Lethargie, der geistigen Lähmung, des Werteverfalls und des Verlustes der Menschenwürde.

Die ersten Monate - es war Winter und das Lager musste noch fertiggestellt werden - waren sehr hart. Neben spontanen Aktivitäten der Selbstorganisation oder Gesprächen zu Möglichkeiten der Einflussnahme blieb wenig Zeit und Energie für organisierte Handlungen. Es wurden hauptsächlich nur die Dinge geregelt, die absolut notwendig waren. Bald aber wurden die Internierten in unterschiedlichen Bereichen aktiv, die vergleichbar mit den Handlungsfeldern einer Verwaltung, zum Beispiel einer Kommune, sind: Soziales, Schule, Bildung, Sport, Kultur, Handel/Handwerk, Lager-Entwicklung, Öffentlichkeitsarbeit.

Innerhalb des abgeschlossenen bürokratischen Systems des Internierungslagers entstand ein Gemeinwesen, in dem sich ähnliche Strukturen wie in den Heimatländern bildeten. Ein zivilisatorischer Prozess wurde in Gang gesetzt.

Lagerzeitung

Ein besonderes Anliegen der Internierten war es, eine Lagerzeitung herauszugeben. Diese war für sie während der Lagerzeit eine Informations- und Kommunikationsplattform für die verschiedenen Bereiche, in denen sie tätig waren.

Die Redaktion der Lagerzeitung hatte außerdem das Ziel, die Gefangenschaft für alle durch geistige Anregung erträglicher zu gestalten und die zivilisatorischen Grundwerte aufrecht zu erhalten.

Die Lagerzeitung sollte aber auch eine Dokumentation der Zeit der Gefangenschaft werden - eine Art gemeinsames Tagebuch. Die Internierten hatten den Wunsch, ihren Angehörigen in der Heimat zu zeigen, dass sie die Zeit des aufgezwungenen Nichtstuns nicht mit Müßiggang sondern mit sinnvoller Tätigkeit füllten. Sie versuchten deshalb mehrmals, die Genehmigung zu erlangen, die *Insel-Woche* in die Heimt schicken zu dürfen. Dieses wurde ihnen jedoch immer verwehrt.

Abbildung 26: Grafik von Max Pretzfelder, *Ile Longue 1914 - 19 Lagerzeitung* Farbdruck, aus: Zeitungsmappe (Beinecke Rare Book and Manuscript Library, Yale University)

Hilfsvereine

In vielen Ländern wurden Hilfsorganisationen gegründet, um den Gefangenen Unterstützung zukommen zu lassen. So reiste auch Edward Eyre Hunt, der mit an Bord der *Niew Amsterdam* war und einen Bericht über diese Schiffsreise geschrieben hat, nach Europa. Er war ein amerikanischer Abgesandter der Kommission für das *Belgische Hilfswerk*. Zu seinen Aufgaben zählten unter anderen die Inspektionen der Lager.

Im Lager Île Longue wurden von den Internierten Strukturen aufgebaut, um zum einen Ansprechpartner für diese Inspektoren zu haben und zum anderen, um Hilfe innerhalb des Lagers organisieren zu können. Dieses war dringend notwendig, denn es gab bereits zu Anfang der Internierungszeit viele Gefangene, die keine eigenen finanziellen Mittel hatten. Die Regierungen verfügten daher im Herbst 1915 die Schaffung von Hilfsausschüssen in jedem Lager.[27] Ein Deutscher und ein Österreich-Ungarischer Hilfsverein wurden auf der Île Longue gegründet. Diese Vereine waren nach dem Vorbild deutscher Vereine aufgebaut, mit den üblichen Funktionen wie Präsident, Kassenwart und Schriftführer.

[27] Vgl. Deutscher Hilfsausschuss, Broschüre *Die Werkstätten des deutschen Hilfsausschusses im Lager der Zivilgefangenen von Ile Longue Frankreich*, S. 1.

Die Präsidien der beiden Vereine wurden wegen ihrer wichtigen Aufgaben hochkarätig besetzt. Von deutscher Seite wurde (1916 - 1917) Adolf Freiherr von Weichs und von ungarischer Seite (1916 - 1917) Dr. Barna von Buza, ein ungarischer Abgeordneter, eingesetzt. Sie fungierten als Hauptvertreter der Internierten gegenüber den französischen Behörden wie auch gegenüber den humanitären Organisationen außerhalb des Lagers (zum Beispiel den schweizerischen und amerikanischen).

Abbildung 27: Porträtzeichnung Adolf Freiherr von Weichs, aus: IW Nr. 17 vom 29.07.1917 (Archives départementales du Finistère)

Innerhalb des Lagers hatten die Hilfsvereine verschiedene Aufgaben: Sie versuchten, finanzielle Mittel für die Bedürftigen zu beschaffen etwa durch die Organisation von Wohltätigkeitsveranstaltungen im Lager. Die *Insel-Woche* berichtet über gemeinsame aber auch über getrennte Wohltätigkeitsveranstaltungen beider Hilfsvereine wie Liederabende, Konzerte, Stiftungsfeste und

Essen. Eine zusätzliche Einnahmequelle waren Erlöse aus einem Kaffeeausschank und die Gewinne des Theaters und der Lagerzeitung. Die Reinerlöse wurden dem Deutschen Hilfsverein überwiesen.

Die Hilfsvereine verteilten die Hilfsgüter und Bücherzuwendungen, die von Wohlfahrtsverbänden, wie dem *Roten Kreuz*, angeliefert wurden. Eine weitere Aufgabe war die Verteilung von Unterstützungsgeld für Bedürftige. Pro Monat bekamen die Bedürftigen 10 Francs ausgezahlt.

Neben dem sozialen gab es ein deutliches finanzielles Gefälle. Wohlhabendere Leute hatten auf der Île Longue die Möglichkeit, sich das Lagerleben angenehmer zu machen. Viele Gefangene verfügten jedoch über keinerlei Mittel; sie bekamen weder Unterstützungen noch Geldzuwendungen von ihren Angehörigen. Für sie war das Leben im Lager besonders hart, denn zu den allgemein schwierigen Lebensbedingungen kam hinzu, dass sie sich in einer finanziellen Notlage befanden; die lange Dauer der Gefangenschaft verschlimmerte ihre Lage. Die Zahl der Hilfsbedürftigen nahm von Monat zu Monat zu. Viele Internierte hatten nicht einmal genügend Geld für die notwendigste Bekleidung, wie zum Beispiel Schuhe. Deshalb setzten sich die Hilfsvereine dafür ein, dass die Lagerleitung die Umwidmung und Ausstattung von leerstehenden Baracken als Schuhmacherwerkstatt und Schneiderei genehmigte, um die Bedürftigen mit dem Notwendigsten versorgen zu können.

Der Österreich-Ungarische Hilfsverein hatte mehr Bedürftige zu versorgen; deshalb war seine finanzielle Situation schlechter als die des Deutschen Hilfsvereins. In der *Insel-Woche*[28] wird berichtet, dass seit Wiederaufnahme der Tätigkeit des Vereins Mitte Dezember 1916 die zur Verfügung stehenden Mittel aus den Überschüssen der Veranstaltungen verbraucht waren. Eine bessere

[28] Vgl. Dr. Meyne, Artikel *Statistisches vom Oest.-Ung. Hilfsausschuss*, in: IW Nr. 8 vom 27.05.1917.

Kontrolle der Verteilung der Hilfsgüter und des Geldes wurde angemahnt, um Missbrauch zu verhindern.

Mit welchen Schwierigkeiten gerade die Gruppe der Österreich-Ungarn zu kämpfen hatte, wird auch deutlich in dem Bericht der Inspektoren vom 12. September 1917. Dort wird die Bitte vorgetragen, einen ungarischen Dolmetscher zu beschäftigen, der den Ungarn bei der Korrespondenz mit der Heimat zur Verfügung gestellt werden könnte. Die Zensur ließ diese Briefe nicht passieren, weil keine französische Übersetzung vorlag. Nicht nur die Österreich-Ungarn werden diese Schwierigkeit gehabt haben, auch die Gefangenen aus Ländern wie der Türkei oder Polen konnten ihre Interessen nicht gut vertreten, sie durften keine Briefe in die Heimat schicken.

Ausbau der Baracken

Abbildung 28: Illustration Baracken, aus: IW Nr. 22 vom 2.09.1917 (Archives départementales du Finistère)

Die Baracken waren eine einfache Serienproduktion, galt es doch, in kurzer Zeit für die Gefangenen Unterkünfte zu schaffen.

Sie waren so konstruiert, dass von einem mittleren Gang aus die kleinen Abteilungen, „Schlafstätten", „Kojen" oder „Puffs", wie die Gefangene diese scherzhaft nannten, erreichbar waren. Im Laufe der Zeit wurden die Abteilungen mit einfachen Mitteln etwas möbliert und eingerichtet. Die Baracken hatten ursprünglich nur Fenster zu einer Seite, so dass die Hälfte der Insassen privilegiert war durch einfallendes Tageslicht, die anderen saßen im Dunkeln. Hier ist es den Inhaftierten gelungen, durch Eigeninitiative und vorsichtiges Austasten der Grenzen des Möglichen Abhilfe zu schaffen. Zuerst wurden kleine Gucklöcher gebohrt, dann nach und nach erweitert und schließlich Fenster eingesetzt - bis hin zu „Villenfenstern", wie es in einem kleinen, witzigen Gedicht heißt.[29]

[29] Vgl. *Der Puff,* in: IW Nr. 4 vom 29.4.1917.

Verhandlungsgeschick bewiesen die Internierten, wenn Baracken nicht voll belegt waren oder sogar leer standen. Sie setzten sich bei der Lagerverwaltung dafür ein, dass diese Baracken für andere Zwecke genutzt wurden. So entstanden im Laufe der Zeit in diesen Baracken ein Theatersaal, eine Musikhalle, die Lagerdruckerei, eine Ausstellungshalle und eine Bücherei.

Sport

Die Arbeiten für den Sportplatz begannen bereits im November 1915. In der Planung des Lagers war ein benachbartes, hügeliges Ginsterfeld dafür bereits vorgesehen.

Die wohlhabenden Internierten stifteten 600 Franken, um die notwendigen Materialien hierfür zu bezahlen. Die Internierten planierten das Gelände und richteten den Platz für verschiedene Sportarten her. Bereits im März 1916 konnte der Platz bespielt werden.

Abbildung 29: *Gedenkblatt für die Mitglieder des Fußballvereins Sportfreunde*, Farbdruck (Bundesarchiv-Militärarchiv, Freiburg)

Im Lager entwickelte sich schnell eine richtige Sportkultur: Es gab zeitweise 25 Mannschaften in vier verschiedenen Fußballvereinen. Weitere Sportangebote waren Faustball, Schleuderball, Kegeln, Tennis, Leichtathletik und Turnen. Hockey erfreute sich großer Beliebtheit, obwohl es zu dieser Zeit in Deutschland noch relativ unbekannt war. Regelmäßige Wettkämpfe, wie die jährlichen *Pfingstspiele*, wurden durchgeführt. Dazu wurden Programme gedruckt und Berichte veröffentlicht. Die Rubrik *Spiel und Sport* in der Zeitung informierte die Internierten über die Sportveranstaltungen.

Im Jahr 1918 wurde der Sportplatz renoviert und noch eine Anlage für Weitsprung angebaut. *Olympische Spiele* waren in diesem Jahr geplant, eine Bezeichnung, die darauf hinweist, dass es auch beim Sport ein hohes Anspruchsniveau gab. Für diesen Anlass wurde sogar eine Medaille von einem Künstler (Paul von Kovacs) entworfen und hergestellt.

Lagerbücherei

Kleine, private Büchereien entstanden bereits im Laufe des ersten Jahres. Das war auf die Initiative der Internierten zurückzuführen, die kleinere Buchbestände hatten, diese zusammenfassten und dann in den Baracken Bücherstuben einrichteten. In der Baracke 13, wo Carl wohnte, gab es zum Beispiel eine solche Bücherstube.

Viele Internierte besaßen weitere Bücherbestände, die der Allgemeinheit aber nicht zur Verfügung standen. Dieser Missstand war der Anlass, dass sich ein Komitee gründete mit dem Ziel, eine Lager-Bücherei einzurichten. Das Komitee arbeitete erfolgreich. In Gesprächen mit den Internierten und der Lagerleitung erreichte es, dass im April 1916 in einer Adrian-Baracke die Lager-Bücherei eröffnet werden konnte.

Abbildung 30: Grafik *Eule* von Max Pretzfelder für die Bücherei, Farbdruck (Archives départementales du Finistère)

Anfangs war der Bestand noch sehr klein, er erhöhte sich jedoch zusehends durch private Schenkungen von Internierten, aber auch durch Büchersendungen von den Hilfsorganisationen. Nach einem Jahr waren im Bestand 5.500 Bücher registriert. Nicht ohne Stolz wird anlässlich des einjährigen Jubiläums in der *Insel-Woche* darüber berichtet:[30] „Unsere Lagerbücherei ist ganz ausgezeichnet zusammengestellt. Für alle Bildungklassen, für alle Berufe, für jedes Bedürfnis bietet sie etwas. Am besten beweist dies die Benutzungsstatistik. Vom 1. April 1916 bis zum 31. März 1917 sind mehr als 50.000 Bände ausgeliehen worden. Täglich werden 200 bis 250 Bücher gewechselt; ständig sind mehr als 2.000 Bände im Umlauf."

Der Verfasser des Artikels hebt außerdem die Bedeutung der Bücherei für das Lagerleben hervor. Die

[30] Leitartikel *Unsere Lagerbücherei*, in: IW Nr. 2 vom 15.04.1917.

Leitung der Bücherei habe es verstanden, „ein Zentrum des geistigen Lebens unserer kleinen Inselwelt zu schaffen, aus dem sich alle anderen Einrichtungen unseres Lebens gegen die geistige Verarmung und für die geistige Unterhaltung und Weiterbildung der Kameraden herausgebildet haben: Vorträge, Schule, wissenschaftliche Vortragskurse und unsere Schauspiele. Und das ist wirklich ein bedeutsames Werk, das festgehalten zu werden verdient."

Unterricht / Schule

Schon in der Anfangszeit wurden Vorträge gehalten und privat Unterricht angeboten.

Abbildung 31: *Gedenkblatt der Schule von Ile Longue*, Farbdruck (Bundesarchiv-Militärarchiv, Freiburg)

Ein weiterer Erfolg stellte sich ein: Im Artikel *Unser Unterrichtswesen im Sommerhalbjahr 1917* aus der *Insel-Woche* wird berichtet, dass die französische Lagerverwaltung „in entgegenkommender Weise" die Abhaltung öffentlicher Unterrichtskurse genehmigt hatte und zwar in den Adrian-Baracken oder „Hallen", wie diese auch genannt wurden.

Die Hilfsvereine sorgten für die Ausstattung der Schule: „Dank dem Entgegenkommen des Hilfsvereins wurden aus dem Reinertrag der Schauspiele die Mittel zur Bestreitung der nötigsten laufenden Ausgaben flüssig gemacht. ... Erleichtert wurde diese Aufgabe dadurch, dass zahlreiche Spender innerhalb und außerhalb des Lagers, unter anderem auch die Bücherzentrale für deutsche Kriegsgefangene in Berlin, Lehrmittel, in der Hauptsache Lehrbücher, unentgeltlich zur Verfügung gestellt haben, was besondere Anerkennung verdient."[31]

Die Unterrichtsveranstaltungen waren sehr beliebt. Erstaunlich ist die Vielfalt der Angebote. Sprachunterricht wurde sehr nachgefragt und die Angebote hierzu waren besonders zahlreich, da es „native-speaker" aus

[31] Artikel *Unser Unterrichtswesen im Sommerhalbjahr 1917*, in: IW Nr. 29 vom 21.10.1917.

verschiedenen Ländern gab. Neben Englisch, Französisch, Italienisch und Spanisch wurden Anfängerkurse für Türkisch angeboten. In der *Insel-Woche*[32] wird das Unterrichtsangebot besonders gewürdigt: „Und da ist es wieder besonders Ile Longue, wo man wohl wie in keinem anderen Lager die Vorbedingungen für sprachliche Ausbildung in so reichem Masse beisammen hat: Lehrmittel, Lehrer, Fortgeschrittene und Perfekte. Fast jede große Sprache hat hier ihre Vertreter."

[32] Leitartikel *Zum Sprachstudium*, in: IW Nr. 4 vom 29.04.1917.

Musik

In der 6-seitigen Broschüre *Die Musik im Internierungslager Ile Longue* wird in einem bewegenden Text berichtet, wie bereits in der ersten schweren Zeit musiziert wurde:

„Als wir im November 1914 auf dem damals noch öden Felseneiland anlangten, war die erste Zeit an musizieren nicht zu denken. Das einzige, was zu hören war, waren die Klänge einer Ziehharmonika, auch Schifferklavier genannt. Von kundiger Hand bedient, gab der treue Blasebalg Volkslieder, Märsche und Tänze zum Besten.

Damit vertrieben wir uns die Spätherbstabende, wenn wir nach des Tages Arbeit (wir mussten die Baracken selbst bauen) beim Scheine einer Laterne auf unseren Strohsäcken lagen. Abwechselnd wurde gespielt und gesungen, und dieser Gesang, zunächst nur einstimmig, wurde mit der Zeit bald polyphon. Im Hinblick auf das herannahende Weihnachtsfest wurde ein Doppelquartett zusammengestellt."[33] Aus diesem Doppelquartett entstand ein halbes Jahr später ein Männergesangverein, der über 100 Mitglieder hatte.

Abbildung 32: Grafik von Paul von Kovacs für die Musik, Farbdruck (Archives départementales du Finistère)

[33] Broschüre *Die Musik im Internierungslager Ile Longue*, S.1.

Da sich unter den Internierten auch Mitglieder der Schiffskapelle des in New York nach Kriegsausbruch festsitzenden Passagierschiffs *Vaterland* befanden, wurden verschiedene Musikensembles gegründet. Dank der

Initiative eines „Klavier-Komitees“ konnte sogar ein Klavier erworben werden. Instrumente, wie Gitarren und Mandolinen, wurden von den Internierten sogar selbst gebaut.

Wenn es für ein Theaterstück gebraucht wurde, trug man das Klavier von der „Konzerthalle“, wie eine umfunktionierte Baracke benannt wurde, in die Theaterbaracke herüber. Programme wurden gestaltet und gedruckt. In der Lagerzeitung wurde regelmäßig über die Vorstellungen berichtet. Aus den „Kritiken“ geht hervor, dass die Qualität der Darbietungen trotz der erschwerten Bedingungen hervorragend gewesen sein muss.

Abbildung 33: Konzertblatt *Deutscher Männergesangverein Ile Longue*, Farbdruck (Archives départementales du Finistère)

Lagertheater

In den ersten Jahren fanden im Lager bereits kleinere Darbietungen statt - angefangen vom Kaspertheater bis hin zu Theatervorstellungen. Nach vielen Anlaufschwierigkeiten konnte Anfang März 1917 endlich das Lagertheater eröffnet werden. Eine Adrian-Baracke wurde von der Lagerleitung als „Theatersaal“ zur Verfügung gestellt und von den Internierten entsprechend umgebaut und eingerichtet.

G. W. Pabst, der Initiator des Theaters, war qualifiziert und geeignet, die Leitung des Theaters zu übernehmen. Er hatte bereits Erfahrungen als Schauspieler und Theaterdirektor gesammelt. Das Lagertheater entwickelte sich unter seiner Leitung zu einem „Leuchtturm“ des Lagerlebens. G. W. Pabst verstand es nicht nur, begabte Laien für sein Theater zu gewinnen und sie zu instruieren, er kooperierte mit Musikern, Künstlern und der Inseldruckerei. Ein „Theaterkritiker“ der *Insel-Woche* berichtete regelmäßig über die Veranstaltungen.

Abbildung 34: Grafik von Paul Weigt für die Theatermappe *Schauspiele Ile Longue Mai 1917* (Archives départementales du Finistère)

Inseldruckerei

Die neue Druckerei wurde zusammen mit der Redaktion der *Insel-Woche* in Baracke 33 untergebracht. Vom April 1917 bis mindestens August 1917 war die Druckerei als Verlag auch für den Vertrieb der Zeitung zuständig.

Im Laufe der Zeit weitete die Inseldruckerei ihr Geschäft aus: Angeboten wurden Schreibpapier (pro Bogen 0,05 Franc), Vervielfältigungen und Drucksachen aller Art in schwarz und farbig. Im Januar 1918 wurden Lageransichten im Fünffarbdruck angeboten. Ab April 1918 wurden sogar hochwertige Kunstdrucke auf verschiedenen Papiersorten hergestellt und vertrieben.

Abbildung 35: Illustration *Druckerei*, aus: IW Nr. 25. vom 23.09.1917 (Archives départementales du Finistère)

Dazu gab es ergänzende Angebote von der *Insel-Buchbinderei*: Mappen, Bucheinbände, Sammelmappen für die Lagerzeitschrift.

Einen Aufschluss über die hohe künstlerische und handwerkliche Qualität der Arbeiten geben die erst kürzlich in Bibliotheken, Museen und im Nachlass von G.W. Pabst gefundenen Mappen.

Handwerk und Handel

Abbildung 36: Illustration *Schneiderei*, aus: Broschüre Deutscher Hilfsverein, Die Werkstätten des deutschen Hilfsausschusses (Archives départementales du Finistère)

Aktivitäten im Bereich Handwerk gab es von Anfang an in vielen Baracken. Zeit genug war vorhanden und eine solche Tätigkeit lenkte ab von der Eintönigkeit und Tristesse des Lagerlebens.

Die Internierten, selbst diejenigen, die kein Handwerk gelernt hatten, betätigten sich handwerklich, künstlerisch oder sammelten. Sie griffen zu Werkzeugen, Messer oder Pinsel, Säge oder Bleistift je nach Geschick und Neigung.

Eine erste Ausstellung für das Handwerk wurde bereits im Sommer 1915 organisiert. Aus dem Dunkel der Baracken kamen nicht nur praktische, sondern auch

Abbildung 37: Warenangebot im Bauchladen (Marine Nationale : archives Ile Longue)

kunsthandwerkliche und künstlerische Dinge zum Vorschein. Am 23. September 1917 fand eine vielbeachtete Ausstellung für Handwerk und Kunstgewerbe – HAKU genannt – statt, die vom Deutschen Hilfsverein geplant und organisiert wurde.

Dienstleistungen und Handel unter den Internierten gab es seit den Anfängen. Findige Händler boten ihre Waren sogar in Bauchläden an.

Als dann am 20. Juni 1915 die *Insel-Woche* herausgegeben wurde, hatten sie die Möglichkeit zu inserieren, um auf ihre Angebote aufmerksam zu machen. Die in der *Insel-Woche* aufgegebenen Anzeigen vermitteln einen guten Überblick über die Angebote und somit über die Bedürfnisse der Internierten.

Im ersten Erscheinungsjahr wurden hauptsächlich Annoncen für Grunddienste wie Manikure, Pedikure,

Abbildung 38: Anzeigenteil, aus: IW Nr. 19 vom 12.08.1917 (Archives départementales du Finistère)

Entfernen von Hühneraugen, Waschen, Plätten, Stopfen, Flicken von Sweatern und Reparatur von Uhren aufgegeben. Verkaufsangebote gab es vor allem für Tabakwaren. Angebote für Unterhaltung waren Kaspertheater, Konzerte und Bücherstuben.

Die Inserate, die im Jahr 1917 in der *Insel-Woche* erschienen, vermitteln den Eindruck, dass der Lebensstandard zu dieser Zeit höher war. „Reichhaltigste Auswahl belegter Brötchen", Leberpastete und Sülze, Weine, Obst und Südfrüchte, auch eine Violine und ein Grammophon wurden angeboten. Der Tabakhandel blühte weiterhin und war in türkischer Hand.

CARL hat sich wahrscheinlich über ein heimisches Angebot in Baracke 6 gefreut: „Westfälische Wurstwaren".

Sprachrohr - die Lagerzeitung

Die deutschsprachige Lagerzeitung *Insel-Woche* ist das bemerkenswerteste Zeugnis aus dem Internierungslager Île Longue. Von dieser wöchentlich erscheinenden Zeitung existieren Folgen aus zwei verschiedenen Zeiträumen: Die „1. Folge" von Juni 1915 bis Januar 1916 (30 Ausgaben) und die „2. Folge" von April 1917 bis Mai 1918 (58 Ausgaben).[34]

Diese insgesamt 88 Ausgaben der Lagerzeitung liefern eine Fülle von Informationen über das Leben und die verschiedenen Aktivitäten der Internierten in den beiden Zeiträumen.

Natürlich stellt sich die Frage, ob diese Zeitung ein verlässlicher Zeuge ist, wenn man bedenkt, dass sie einer strikten Zensur unterworfen war. Es bestand sicherlich ein Missverhältnis zwischen der tatsächlichen Situation und Stimmungslage der Gefangenen - ihren essentiellen Problemen, ihren Ängsten, auch ihren Ressentiments gegenüber dem Militär unter anderem wegen der ihrer Meinung nach ungerechtfertigten Festnahme - und der friedfertigen Stimmung, welche die Zeitung im Sinne der Lagerleitung vermitteln durfte. Zwischen den Zeilen kann man dennoch sehr viel über das Leben und die Gemütslage der Gefangenen erfahren.

[34] Aus Gründen der Übersichtlichkeit wird die Folge aus dem zweiten Zeitraum hier als „2. Folge" bezeichnet.

Die Internierten nannten diese Folge „Neue Folge" und fügten im Verlauf der Zeit weitere Bezeichnungen hinzu wie „2.Jahr.1.Folge" und römische Zahlen.

Abbildung 39: IW „1. Folge“, Nr. 1, 6, 8, 15, 17 (Archives départementales du Finistère)

Insel-Woche „1. Folge“

Zu Anfang wurde die Zeitung wahrscheinlich geheim herausgegeben. Es ist jedoch auch möglich, dass sie von der Lagerleitung toleriert wurde, weil in dieser ersten Zeit noch kein Zensurapparat für Druckwerke aufgebaut war und die rechtliche Lage zur Genehmigung einer Lagerzeitung für dieses Lager unklar war. Genehmigungen für Offiziers- und Zivillager wurden erteilt, nicht jedoch für Mannschaftslager. Auf der Île Longue waren sowohl zivile Personen als auch Soldaten untergebracht.

Die erste Ausgabe der „1. Folge“ der *Insel-Woche* erschien am 20. Juni 1915. Sie wurde noch von Hand geschrieben. Bei der Auflage von 150 Stück[35] mussten von jeder Nummer sechs Originale angefertigt werden, die dann hektografiert, also vervielfältigt, wurden. Sie liegen deshalb in unterschiedlichen Handschriften und Schriftformen, wie in Kurrent- oder Sütterlinschrift, vor.

Verantwortlicher Schriftleiter war H. Schuett, über den wir keine näheren Informationen haben; er ist nicht einmal in der Lagerkartei erfasst. Im Leitartikel *Was wir wollen* betont er, wie wichtig es für die Gefangenen

[35] Vgl. Rainer Pöppinghege, *Im Lager unbesiegt*, S. 322.

sei, ein Sprachrohr zu besitzen, mit dem sie die Möglichkeit haben, ihre Erlebnisse und Empfindungen in dieser schweren Zeit auszudrücken und festzuhalten. Er spricht von einer „inneren Gepresstheit", die sich Luft verschaffen muss: „... so drängt es wohl manchen von uns, in Wort und Schrift allen Gleichgesinnten sich mitzuteilen, sie an seiner Überzeugung, seinen Stimmungen und Hoffnungen teilnehmen zu lassen. Auf dem Korrespondenzwege ist uns aber auch dies durch die Zensur nahezu unmöglich gemacht. Wie wünschenswert wäre es daher, wenn unter uns die dazu Berufenen ihr Wissen, ihre Ansichten und ihr Fühlen auf dem Papiere festhielten, um sich selbst sowie ihren Leidensgenossen für spätere bessere Zeiten eine Erinnerung zu bewahren an gemeinsam Empfundenes und Erlebtes. Dies alles zu sammeln, ist der Hauptzweck unseres Wochenblattes; wir bitten jeden, nach seinen Kräften diesen Gedanken zu fördern."[36]

Seinem Aufruf folgten die Internierten. Sie schrieben Artikel zu den Themen, die sie zu dieser Zeit bewegten und beschäftigten: „Kriegsschauplätze in Russland und Frankreich", „Belgien", „Kämpfe im Balkan", „Seekriegsfront", „Verlauf des ersten Kriegsjahrs an der Westfront" oder auch „Deutschlands Kolonien".

Diese Themen wurden nicht neutral und sachlich behandelt,[37] sondern wurden von den Autoren der „1. Folge" mitunter sehr propagandistisch-nationalistisch dargestellt. Das wird besonders deutlich an dem Beitrag „Vier Feinde",[38] in dem sich Deutschland „verteidigen" muss gegen ein übermächiges Quartett: „... das rachelüsterne Frankreich, das grobschlächtig-selbstsüchtige Russland, das abtrünnige Italien und als Hauptfeind England, das mit dem in Deutschland verbreiteten Bild des gewinnsüchtigen Intriganten identifiziert wird."[39]

[36] H. Schuett, Leitartikel *Was wir wollen*, in: IW Nr. 1 vom 20.06.1915.

[37] Rainer Pöppinghege folgert daraus, dass die Lagerzeitung der Île Longue zunächst geheim erschien.

[38] Vgl.Gedicht *Vier Feinde*, IW Nr. 2 vom 27.06.1915.

[39] Rainer Pöppinghege, *Im Lager unbesiegt*, S. 252.

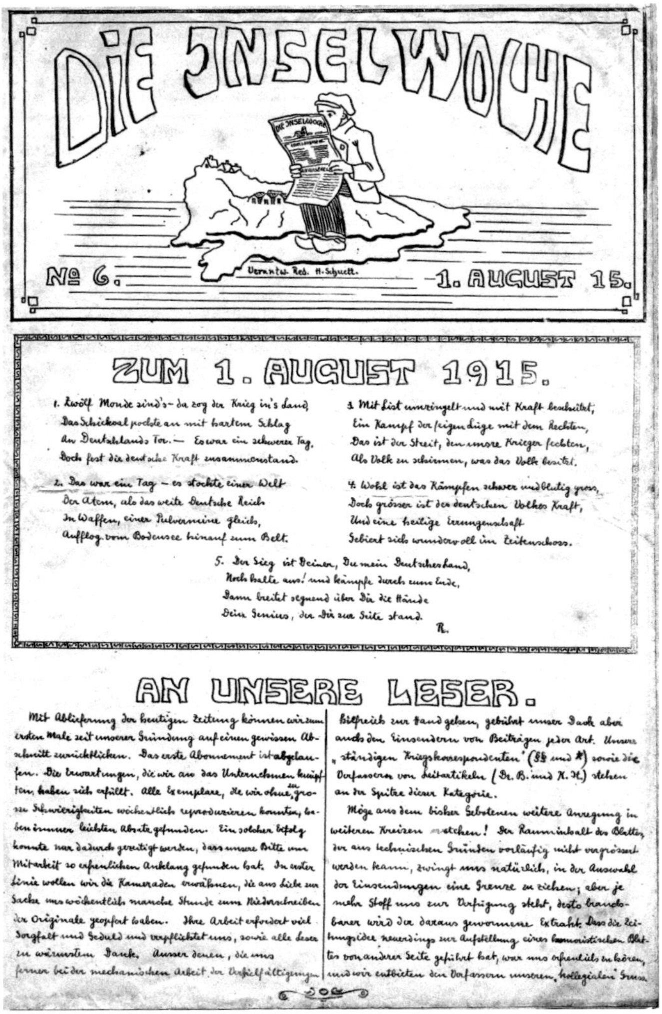

DIE INSELWOCHE

№ 6. Verantw. Red. H. Schuett. 1. AUGUST 15.

ZUM 1. AUGUST 1915.

1. Zwölf Monde sind's – da zog der Krieg in's Land,
Das Schicksal pochte an mit hartem Schlag
An Deutschlands Tor. – Es war ein schwerer Tag,
Doch fest die deutsche Kraft zusammenstand.

2. Das war ein Tag – es stockte einer Welt
Der Atem, als das weite Deutsche Reich
In Waffen, einer Pulvermine gleich,
Aufflog vom Bodensee hinauf zum Belt.

3. Mit List umzingelt und mit Kraft beschützt,
Ein Kampf der feigen Lüge mit dem Rechten,
Das ist der Streit, den unsre Krieger fechten,
Als Volk zu schirmen, was das Volk besitzt.

4. Wohl ist das Kämpfen schwer und blutig gross,
Doch grösser ist des deutschen Volkes Kraft,
Und eine heilige Errungenschaft
Gebiert sich wundervoll im Zeitenschoss.

5. Der Sieg ist Deiner, Du mein Deutschesland,
Noch halte aus! und kämpfe durch zum Ende,
Dann breitet segnend über Dir die Hände
Dein Genius, der Dir zur Seite stand.

R.

AN UNSERE LESER.

Mit Ablieferung der heutigen Zeitung können wir zum ersten Male seit unserer Gründung auf einen gewissen Abschnitt zurückblicken. Das erste Abonnement ist abgelaufen. Die Erwartungen, die wir an das Unternehmen knüpften, haben sich erfüllt. Alle Exemplare, die wir ohne zu grosse Schwierigkeiten wöchentlich reproduzieren konnten, haben immer leichten Absatz gefunden. Ein solcher Erfolg konnte nur dadurch gezeitigt werden, dass unsere Bitte um Mitarbeit so erfreulichen Anklang gefunden hat. In erster Linie wollen wir die Kameraden erwähnen, die aus Liebe zur Sache uns wöchentlich manche Stunde zum Niederschreiben der Originale geopfert haben. Ihre Arbeit erfordert viel Sorgfalt und Geduld und verpflichtet uns, sowie alle Leser zu wärmstem Dank. Ausser denen, die uns ferner bei der mechanischen Arbeit der Vervielfältigung hilfreich zur Hand gehen, gebührt unser Dank aber auch den Einsendern von Beiträgen jeder Art. Unsere „ständigen Kriegskorrespondenten" (SS und *) sowie die Verfasser von Leitartikeln (Dr. B. und K. H.) stehen an der Spitze dieser Kategorie.

Möge aus dem bisher Gebotenen weitere Anregung in weiteren Kreisen entstehen! Der Rauminhalt des Blattes, der aus technischen Gründen vorläufig nicht vergrössert werden kann, zwingt uns natürlich, in der Auswahl der Einsendungen eine Grenze zu ziehen; aber je mehr Stoff uns zur Verfügung steht, desto brauchbarer wird der daraus gewonnene Extrakt. Dass die Zeitungsidee neuerdings zur Aufstellung eines humoristischen Blattes von anderer Seite geführt hat, war uns erfreulich zu hören, und wir entbieten den Verfassern unseren „kollegialen" Gruss.

Abbildung 40: Die Insel-Woche Nr. 6 vom 1. August 1915 (Archives départementales du Finistère)

Das Gedicht zum „1. August 1915" ist ein weiteres Beispiel für die propagandistisch-nationalistischen Töne in der ersten Zeit. Dies wird insbesondere in der 3. Strophe deutlich:

„Mit List umzingelt und mit Kraft beschützt, / Ein Kampf der feigen Lüge mit dem Rechten, / Das ist der Streit, den unsere Krieger fechten, / Als Volk zu schirmen, was das Volk besitzt."

Die Zeitung fand großen Zuspruch, da der patriotische Ton der Stimmungslage der meisten Gefangenen in dem ersten Jahr entsprach. Viele der Internierten, insbesondere die aus dem Bildungsbürgertum, hatten noch die gleiche euphorisch-nationalistische Stimmung wie in der

Vorkriegszeit. So weit entfernt von der Heimat und der Realität des Kriegsgeschehens war es für sie wahrscheinlich nicht leicht, eine kritische Einstellung zu entwickeln. Möglich ist auch, dass sie aus diesem nationalistischen Gefühl Kraft schöpfen wollten für ihre eigene schwierige Lage.

Bereits nach zwei Monaten - am 1. August 1915 - zog der Herausgeber der *Insel-Woche* eine positive Bilanz und hob die Bereitschaft und das Interesse von vielen Internierten hervor, an der *Insel-Woche* mitzuarbeiten:[40] „Mit Ablieferung der heutigen Zeitung können wir zum ersten Male seit unserer Gründung auf einen gewissen Abschnitt zurückblicken. Das erste Abonnement ist abgelaufen. Die Erwartungen, die wir an das Unternehmen knüpften, haben sich erfüllt. Alle Exemplare, die wir ohne zu große Schwierigkeiten wöchentlich reproduzieren konnten, haben immer leichten Absatz gefunden. ... In erster Linie wollen wir die Kameraden erwähnen, die aus Liebe zur Sache uns wöchentlich manche Stunde zum Niederschreiben der Originale geopfert haben. Ihre Arbeit erfordert viel Sorgfalt und Geduld und verpflichtet uns, sowie alle Leser zu wärmstem Dank. Ausser denen, die uns ferner bei der mechanischen Arbeit, den Vervielfältigungen, hilfreich zur Hand gehen, gebührt unser Dank aber auch den Einsendern von Beiträgen jeder Art."

[40] H. Schuett, Leitartikel *An unsere Leser*, in: IW Nr. 6 vom 1.08.1915.

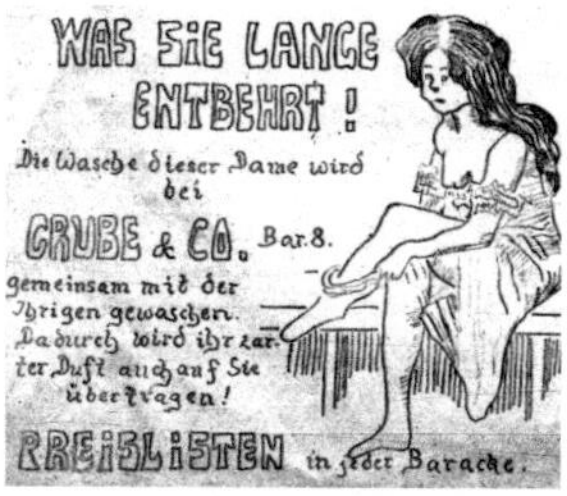

Abbildung 41: Anzeige aus: IW Nr. 4 vom 11.07.1915 (Archives départementales du Finistère)

Außer den erwähnten Leitartikeln erschienen Berichte über Spiel und Sport, über Konzerte und Darbietungen des Männergesangvereins sowie eine kleine Lagerchronik. Auf der letzten Seite der Zeitung wurden Annoncen veröffentlicht, zum Teil mit recht witzigen Bildern und Texten für diverse Angebote von Waren und Dienstleistungen.

Die Internierten wünschten sich jedoch zusätzlich zu

den vorwiegend sachlichen Informationen dieser Zeitung eine etwas heitere Lektüre. Einige von ihnen arbeiteten bereits an einem humoristischen Blatt. Dies veranlasste H. Schuett zu folgendem Kommentar: „Dass die Zeitungsidee neuerdings zur Aufstellung eines humoristischen Blattes von anderer Seite geführt hat, war uns erfreulich zu hören, und wir entbieten den Verfassern unseren ‚kollegialen' Gruss."

Die Initiatoren[41] waren sicherlich Edmund Kowalski, der gerne lustige Reime verfasste, und Hans Semisch, der ein zeichnerisches Talent hatte. Beide waren Kaufleute - wie auch Carl - und zusammen mit ihm auf dem Deck 3. Klasse der *Nieuw Amsterdam* untergebracht gewesen. Hans Sehmisch und Carl sind auf derselben Seite der Passagierliste aufgeführt. Anzunehmen ist, dass Carl die beiden inzwischen gut kannte, insbesondere da ihn mit Edmund Kowalski eines verband, der ausgeprägte Sinn für Humor, Reime und „Dönekes", wie die Westfalen kleine witzige Geschichten nennen. Von diesem humoristischen Blatt liegt uns leider kein Exemplar vor. Carl könnte sich dort zumindest als „Abschreiber" betätigt haben.

[41] Von diesen beiden Personen haben wir nur Informationen aus der Lagerkartei:

Edmund Kowalski wurde am 6.04.1888 in Bromberg geboren. Er war auf der Rückreise von Guatemala nach Deutschland.

Hans Sehmisch, geb. am 21.03.1889, stammte aus Altona. Er hat als Wohnort Montreal angegeben, war aber auf der Rückfahrt von Bolivien nach Hause.

Im September 1915 löste Robert Römler, ein 22-jähriger Student, den verantwortlichen Schriftleiter, H. Schuett, ab. Ein neuer Zeitungskopf, ein „Sonnenaufgang" oder je nach Sichtweise auch ein „Sonnenuntergang", kündigte die Veränderungen an: Die lustigen, gereimten Beiträge von Edmund Kowalski wurden veröffentlicht und Hans Sehmisch fertigte dazu Illustrationen an.

Fortan wurden neutralere Themen behandelt: „Der Porphyr der Ile Longue - Sein Werden und Vergehen", eine sechsteile Serie „Meine erste Reise in die Bretagne", „Kapitalanlagen", „Der deutsche Holzmarkt im Krieg", „Kultur - Zivilisation", „Das Klima der Bretagne" und

Die Insel-Woche

Nr. 15. 3. Lieferungsfolge. 3. Okt. 1915.

Meine erste Reise in die Bretagne. I.

Abbildung 42: Neues Erscheinungsbild (Archives départementales du Finistère)

sogar ein philosophischer Aufsatz von Hermann von Boetticher „Gefangenschaft, oder über die Gewalt des Wirklichen". Der patriotische Ton wurde moderater.

Die Gründe für diese Veränderungen sind nicht bekannt. Wahrscheinlich kam es wegen der Themen und der propagandistisch-nationalistischen Töne zu Schwierigkeiten mit der Lagerleitung, die dann bestimmte Vorgaben durchsetzte und die Zeitung tolerierte.

Anfang 1916 veröffentlichte Robert Römmler jedoch einen Artikel, der schwerwiegende Folgen hatte. Er berichtete darin über Pannen bei der Verteilung der Brote, wodurch es zu Beschwerden seitens der Gefangenen gekommen war. Dieser Artikel war der Anlass, dass die *Insel-Woche* von der Lagerleitung verboten wurde. Darüber hinaus wurden Sanktionen verhängt: „Infolgedessen erhalten, als erste Maßnahme, der Verfasser des betreffenden Artikels wie auch der Drucker der Zeitung 15 Tage Gefängnisarrest, davon 8 in der Zelle. Die Lagerzeitung wird verboten; die technischen Geräte, die zum Druck dienen, werden eingezogen und zerstört; die Theateraufführungen werden verboten; die Zusammenkünfte von Studenten, deren angegebener Zweck das Studium war, werden verboten; alle Räumlichkeiten, die den Gefangenen zur Ausübung der genannten Tätigkeiten zur Verfügung gestellt wurden, werden ihrer rechtmäßigen Bestimmung zurückgegeben."[42]

Diese rigiden Maßnahmen sind vor dem Hintergrund zu sehen, dass zu diesem Zeitpunkt die geltenden Bestimmungen für Mannschaftslager durchgesetzt wurden, die anfänglich von der wahrscheinlich liberalen Lagerleitung nicht konsequent angewandt worden waren. Nicht nur für Robert Römmler waren diese Sanktionen niederschmetternd, auch für die Gefangenen: Viele der mühsam ausgehandelten Freiheiten wurden eingeschränkt.

[42] Bericht des Lagerkommandanten A. Alleau vom 28.1.1916, in: Artikel *Die Insel-Woche - erste Folge* von Christophe Kunze.

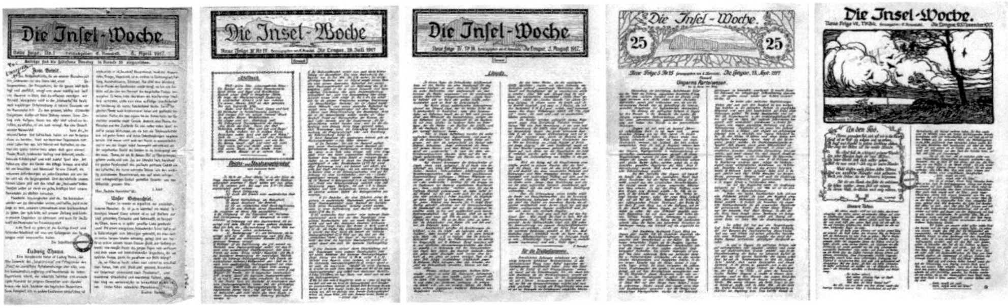
Die Insel-Woche
Die Insel-Woche
Die Insel-Woche
Die Insel-Woche
Die Insel-Woche

Abbildung 43: IW „2. Folge“, Nr. 1, 17, 18, 25, 34 (Archives départementales du Finistère)

Insel-Woche „2. Folge“

Die Internierten gaben jedoch nicht auf. Eine gute Chance auf Erfolg sahen sie im Sommer 1916, als nach dem Abzug der gefangenen Soldaten das Lager dem Innenministerium unterstellt wurde.

Verhandlungen und Planungen zogen sich noch über ein halbes Jahr hin. Am 26. Februar 1917 beantragte Edmund Kowalski die Erlaubnis für die Herausgabe der Zeitung. Er erhielt vom Präfekten am 17. März 1917 die Genehmigung.[43] Der Präfekt hatte nun gemäß der Zensur feste Vorgaben für die Lagerzeitung formuliert: Sie durfte in erster Linie nur Theaterkritiken, Berichte über Konzerte und Sportveranstaltungen sowie Anzeigen enthalten. Ein Dolmetscher sollte beauftragt werden, die Zeitung zu zensieren und vor der Veröffentlichung zwei Exemplare der Lagerleitung zuzustellen.

EDMUND Kowalski hatte in der Zwischenzeit die wichtigsten Vorbereitungen getroffen, damit die „2. Folge“ der Zeitschrift herausgegeben werden konnte.

Die personellen und technischen Voraussetzungen für den Druck einer Zeitung waren vorhanden. Man plante eine Auflage von 300 Exemplaren. Künstler waren bereit

[43] Vgl. Briefe Edmund Kowalski und Lagerleiter A. Alleau, in: Artikel *Die Insel-Woche, zweite Folge* von Christophe Kunze.

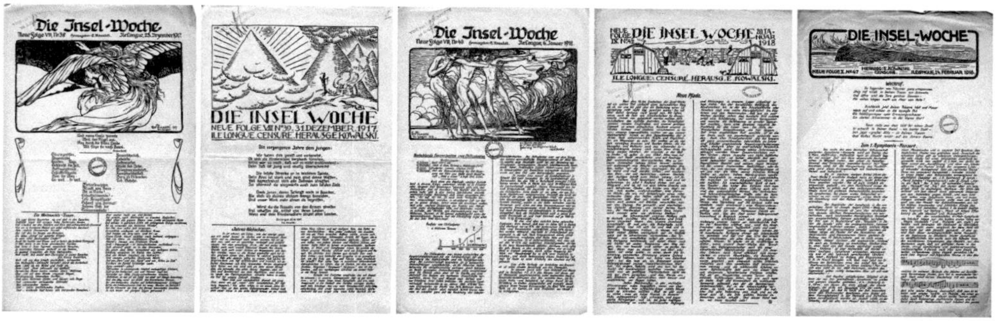
Die Insel-Woche

DIE INSEL WOCHE
NEUE FOLGE VIII N°39. 31 DEZEMBER 1917
ILE LONGUE CENSURE HERAUSG E KOWALSKI

Die Insel-Woche

DIE INSEL WOCHE

DIE INSEL-WOCHE

Abbildung 44: IW „2. Folge“, Nr. 38, 39, 40, 42, 47 (Archives départementales du Finistère)

mitzuarbeiten; Hans Sehmisch entwarf eine Titelvignette für die neue Zeitung. Vor allem aber hatte Edmund Kowalski zwei kompetente Mitarbeiter für die Redaktion gewonnen:

Pastor Friedrich Hommel kam am 22. August 1916 ins Lager der Île Longue. Er war bereits in den Lagern Toulon, Marseille und Uzès gewesen und kannte somit andere Lager und ihre Bedingungen.

Gustav Tschentscher war Journalist mit Auslandserfahrung in Paris und Athen. Er war während einer Reise nach Korfu auf dem Schiff *Mykaly* verhaftet worden. Zuerst landete er in dem Lager von Malta, dann wurde er nach Toulon, Marseille und Uzès verlegt, wo auch Friedrich Hommel vorher war.[44] Am 4. Juli 1916 kam er dann zur Île Longue.

Die 1. Ausgabe der „2. Folge“ erschien am 8. April 1917. In dem Artikel *Zum Geleit* verdeutlichte die Schriftleitung die eingeschränkten Möglichkeiten der Berichterstattung: „Zu den großen, Welten stürzenden Ereignissen dürfen wir keine Stellung nehmen. Einer Zeitung erste Aufgabe, Neues aus aller Welt schnell zu berichten, zu erzählen ist uns auch versagt. Nur eine Chronik unserer kleinen Welt kann die Inselwoche bieten. Und

[44] Nicht klar ist, ob Friedrich Hommel von dem Verdacht wußte, der auf Gustav Tschentscher lastete. Unterlagen aus dem Militärarchiv Vincennes zufolge bestand der Verdacht, dass er ein Agent der deutschen Spionage sei.

Vgl. Christophe Kunze, Artikel *Ernst Gustav Tschentscher*.

Gottseidank haben wir von Ile Longue etwas zu berichten. Nicht nur kleinlicher Tagesklatsch füllt unser Leben hier aus. Wir können viel festhalten, an das man sich später einmal trotz allem noch gern erinnert. Theater, Musik, belehrender Vortrag und Unterricht, ernste, liebevolle Hilfstätigkeit und nicht zuletzt Sport aller Art heben uns über die Corvée des Alltags hinaus und erhalten uns brauchbar und lebenswert für eine Zukunft, die schwerere Anforderungen an jeden Einzelnen von uns stellen wird als die Vergangenheit. … Geistige Armut und fehlenden Arbeitsmut soll man uns Gefangenen von Ile Longue nicht vorzuwerfen haben."[45]

[45] Artikel *Zum Geleit*, in: IW Nr. 1 vom 8.04.1917.

Geistige Armut gab es im Lager nicht. Die Internierten beschäftigten sich je nach Interessenlage und Ausbildung mit sehr unterschiedlichen Gebieten wie Politik, Recht, Wirtschaft, Finanzen, Naturwissenschaften, Landeskunde, Technik, Medien, Literatur und Philosophie sowie gesellschaftlichen und sozialen Themen. Sie reichten ihre Beiträge bei der Redaktion der Insel-Woche ein. Das Ergebnis war eine bunte Palette von Artikeln:

„Die Gefangenschaft und der Kaufmann", „Kriegskostendeckung", „Holzmangel im Krieg und Forstwirtschaft", „Pressewesen in Kamerun", „Draht oder Welle", „Telefunkiana", „Das Vorkommen von Chilisalpeter", „Der Hohe Atlas", „Die Alhambra", „Henri Bergson und die Entwicklung des Lebens", „Die Wohnungsfürsorge in Deutschland - eine soziale Frage", „Die Bodenfrage nach dem Krieg", „Entwicklung der Flugtechnik und Luftschiffahrt durch den Krieg", „Das Motorschiff".[46]

Dr. Barna von Buza schrieb für die Jubiläumsausgabe der Zeitung den Artikel „Ungarns Parteiwesen". Die Juristen gaben Rechtsbeistand. Neben der Reihe „Aktuelles aus dem öffentlichen Recht" erschien der Artikel „Wie errichte ich hier auf der Ile Longue mein Testament".

Die Insel-Woche.
25 25
Ungarns Parteiwesen.

Abbildung 45: Artikel von Dr. Barna von Buza *Ungarns Parteiwesen*, in: IW Nr. 25 (Jubiläumsausgabe) vom 23.09.1917 (Archives départementales du Finistère)

[46] In dem Beitrag *Das Motorschiff* werden auch die neuen U-Boote erwähnt. Der Autor ahnte nicht, dass dieses Fleckchen Erde, auf dem sie festsaßen, 50 Jahre später zu einer Operationsbasis für Atom-U-Boote umgewandelt werden würde.

Die Internierten schrieben außerdem Beiträge über ihre Aktivitäten während der Gefangenschaft: „Naturbeobachtungen in der Gefangenschaft", „Tierzucht im Lager auf der Ile Longue", „Praktische Winke für den Gemüseanbau auf der Ile Longue". Außerdem verfassten die Fachleute unter ihnen Kritiken zu den Theateraufführungen und Konzerten, Berichte zu Sportveranstaltungen oder zu Wohltätigkeitsveranstaltungen der Hilfsvereine. Andere versuchten sich als Dichter und setzten ihre Erlebnisse in humorige Reime um.

DIE Redaktionsleitung brachte ihre Schwerpunkte und Interessen mit ein, die sehr unterschiedlich waren und sich gut ergänzten:

Edmund Kowalski war zuständig für „Humor aus dem Lagerleben" und andere aufheiternde Beiträge. Er verfasste unter anderem die wöchentliche Chronik, die - wie die meisten seiner Beiträge - in Versform erschien.

Friedrich Hommels Anliegen war die Vermittlung von christlichen und humanitären Werten. Christophe Kunze, der sich im Rahmen der historischen Aufarbeitung des Lagers intensiv mit der *Insel-Woche* und Friedrich Hommel beschäftigt hat, würdigt dessen Arbeit in der Redaktion: „Pastor Friedrich Hommel ist es, der den Internierten anlässlich der grossen kirchlichen Feiertage die Grundprinzipien der Zivilisation und des menschlichen Zusammenlebens ins Gedächtnis ruft; dabei will er seinen Leidensgenossen gleichzeitig Trost zusprechen und sie im Kampf gegen den Verfall der moralischen Werte stärken. Ihm zu verdanken ist schließlich ein in Nummer 12 der Insel-Woche erschienener Artikel zur Lagerkultur, den er auch dazu benutzt, um an das Pflichtgefühl und das Verantwortungsbewusstsein seiner Kameraden zu appellieren."[47]

Gustav Tschentschers besonderer Schwerpunkt war

[47] Christophe Kunze, Artikel *Friedrich Hommel.*

die Situation der Gefangenen. Er berichtete regelmäßig über die Inspektionen und die zahlreichen, meist ergebnislosen Austauschverhandlungen.

Die Beiträge von Gustav Tschentscher waren sehr engagiert und kritisch. Er beklagte zum Beispiel das geringe Interesse der internationalen Organisationen an der Situation der Zivilgefangenen: „Ein geringeres Interesse für die Zivilgefangenen muß selbst das *Rote Kreuz* zugeben, wie wäre es sonst möglich, daß von der deutschen Volksspende für die Kriegsgefangenen nach Eingeständnis der letzten Kommission aus der Schweiz die Militärlager sehr reichlich, die Zivillager dagegen fast gar nicht versorgt werden! Gewiß, wir sind stolz darauf, daß wir bis jetzt, soviel es ging aus dem Lager selbst die Mittel zur Linderung der Gefangenennot aufbrachten; aber wir sind mit unseren Kräften und vielfach auch mit dem guten Willen dem Ende nahe."[48]

Wichtig war ihm dabei klarzustellen, dass die Gefangenschaft für eine zivile Person nicht viel anders zu bewerten sei, als die Gefangenschaft eines Soldaten. Diese Einstellung vermisste er bei deutschen Behörden und den zuständigen internationalen Organisationen. Die Zivilinternierten litten unter der unterschiedlichen Behandlung, die zu ihrem Nachteil ausfiel. „Wir geben zu, daß dem vielfach verwundet in Gefangenschaft geratenen Soldaten, der sicherlich eine ganze Reihe mehr Dienste dem Vaterland gegenüber aufweisen kann, als der Zivilist, der sich gerade erst auf dem Weg nach Deutschland befand, leichter die Sympathien der Heimat zufallen, als uns, die wir aus der Fremde kommen. Aber wir hätten es nicht für möglich gehalten, daß eine Frau in Deutschland sich ihres in Zivilgefangenschaft befindlichen Gatten als eines sogenannten Drückebergers schämen soll, wo beide Alles im Ausland aufgegeben

[48] Gustav Tschentscher, Artikel *Die Gefangenen von 1914*, in: IW Nr. 24 vom 16.09.1917.

Abbildung 46: Hans Sehmisch, Zeichnung Vignette der *Insel-Woche* „2. Folge" (Archives départementales du Finistère)

Für das Titelbild dieses Buches wurden grafische Elemente dieser Vignette verwendet.

und verloren haben, nur um in der Zeit der Not dem Vaterland ihre geringe Hilfe zu bringen. Gefühlsverirrungen der Volksmasse sind leicht zu verschmerzen. Viel bitterer wirkt die Überzeugung, daß auch unsere Behörde mehrere Jahre lang nichts für uns, abgesehen von einigen besonderen Grüßen, getan hat."[49]

Die Zusammenarbeit mit Gustav Tschentscher war trotz seines Engagements wahrscheinlich nicht ganz einfach. Er wollte in der Redaktion größeren Einfluss gewinnen.[50] Er versuchte, sich zu profilieren, indem er ankündigte, eine straffere Organisation der Zeitung einzuleiten. Das Lagertheater mahnte er ab wegen der nicht termingerechten und unzureichenden Informationen. Auch in der Lagerakte sind Beschwerden seinerseits über einen Mitgefangenen und über den Zustand der Lagerdächer vermerkt. Er war kein Mann des Konsenses, sondern suchte eher die Konfrontation.

In der ersten Zeit fand die *Insel-Woche* viele Abnehmer. Die Lagerzeitung war zum festen Bestandteil des Lagerlebens geworden und die Vignette von Hans Sehmisch ihr Markenzeichen.

Jedoch bereits im Herbst 1917 ging der Absatz zurück. Viele erneuerten ihre Abonnements nicht, auch wurden immer weniger Anzeigen aufgegeben. Die Lagerzeitung konnte den Internierten kaum neue Anregungen bieten.

[49] Gustav Tschentscher, Artikel *Die Gefangenen von 1914*, in: IW Nr. 24 vom 16.09.1917.

[50] Dies ist am Impressum der *Insel-Woche* gut zu erkennen. Neben dem verantwortlichen Edmund Kowalski wird G. Tschentscher erst als Schriftleiter, dann als Hauptschriftleiter und schließlich in der 31. Ausgabe als alleiniger Hauptschriftleiter der Zeitung aufgeführt.

Edmund Kowalskis Position als Herausgeber und Schriftleiter blieb jedoch unangetastet, er übte diese Funktion während der gesamten Erscheinungszeit der „2. Folge" aus.

Die Themen, die für sie von wirklichem Interesse waren, konnten nicht behandelt werden.

Im Lager kursierte folgende Bewertung der beiden Folgen der *Insel-Woche*:[51] „Erste Ausgabe: schwacher Druck - kräftiger Inhalt; Zweite Ausgabe: kräftiger Druck - schwacher Inhalt".

[51] Vgl. Friedrich Hommel, Artikel *Zum 25. Erscheinen der Insel-Woche*, in: IW Nr. 25 vom 23.09.1917.

Die Redaktionsmitglieder versuchten, mit verschiedenen Aktionen das Interesse der Internierten an der Lagerzeitung wieder zu beleben. Sie schrieben einen Wettbewerb aus und warben neue Mitarbeiter an, um inhaltlich neue Akzente zu setzen. Wesentliche Veränderungen waren jedoch nicht möglich, da die Inhalte durch die Zensur weitgehend festgelegt waren. Deshalb wurde die Gestaltung der Zeitung in den Blick genommen, für die keine Vorgaben bestanden. Leo Primavesi wurde beauftragt, die Titelseite der November-Ausgabe mit einem Herbstmotiv künstlerisch zu gestalten.

Abbildung 47: Leo Primavesi, Herbstliches Motiv, Titelseite, IW Nr. 34 vom 25.11.1917 (Archives départementales du Finistère)

Anfang Dezember veranstalteten sie ein Preisausschreiben, eine neue Titelzeichnung sollte für die *Insel-Woche* entworfen werden. Diese sollte ab der ersten Ausgabe des neuen Jahres die Vignette für die *Insel-Woche* werden: „Es handelt sich um Federzeichnungen in den Abmessungen des derzeitigen Kopfes unserer Zeitung, die den Namen und Charakter der Insel-Woche am besten zum künstlerischen Ausdruck bringen."[52] Die Geldpreise von insgesamt 20 Francs hatte ein „Freund" der *Insel-Woche* gestiftet. Eine Jury wurde benannt und am 23. Dezember das Ergebnis verkündet: „Die bis zum 16. ds. eingegangenen Entwürfe wurden dem Preisgericht übergeben. Dieses richtete sich bei der Einschätzung der Arbeiten in erster Linie nach dem Urteil des Herrn Primavesi. Das Ergebnis war: I. Preis: Herr Sehmisch ..., II. Preis: Herr Kleiber."

[52] Notiz/Anzeige, in: IW Nr. 35 vom 2.12.1917.

Abbildung 48: Entwurf für die neue Vignette von Hans Sehmisch, aus: IW Nr. 46 vom 16.02.18 (Archives départementales du Finistère)

Der Entwurf von Hans Sehmisch war eine überarbeitete, modernere Version seiner bisherigen Titelzeichnung.

In der Zwischenzeit hatte jedoch Max Pretzfelder, der Ende Dezember zur Île Longue verlegt worden war, ebenfalls eine Titelzeichnung angefertigt. Diese sehr ansprechende Zeichnung war wahrscheinlich der Grund, dass es in der Redaktion zu Meinungsverschiedenheiten kam. Welche Vignette sollten sie für die Januar-Ausgabe wählen: die preisgekrönte von Hans Sehmisch oder die künstlerische von Max Pretzfelder?

Abbildung 49: Entwurf von Max Pretzfelder, aus: IW Nr. 46 vom 16.02.18 (Archives départementales du Finistère)

In der Januar-Ausgabe erschien weder die eine noch die andere Zeichnung. Der Konflikt wurde sichtbar: Leo Primavesi gestaltete diese Ausgabe mit einem besonderen Motiv „Drei strauchelnde Figuren vor einem Abgrund" und Gustav Tschentscher verkündete in dieser Ausgabe seinen Rücktritt: „Als bisheriger Hauptschriftleiter der ‚Insel-Woche' lege ich mit dieser Nummer mein Amt nieder und werde mich in Zukunft jeder Mitarbeit an dieser Zeitung oder an irgend einem Werk, das im Lagerinteresse liegen könnte, enthalten. Ein Vorkommnis in dieser Woche hat mir einen völlig unerwarteten Geist des Lagers offenbart, der es mir unmöglich macht, mit der nötigen Unbefangenheit weiter im Interesse der

Abbildung 50: Zeichnung von Leo Primavesi, aus: IW Nr. 40 vom 6.01.1918 (Archives départementales du Finistère)

Die letzte Strophe aus Hölderlins Schicksalslied (abgedruckt unter dem Bild) verstärkt den Eindruck, dass sich die Redaktionsleitung in einer Krisensituation befand:

„Wie Wasser von Klippe / Zu Klippe geworfen, / Jahr lang ins Ungewisse hinab".

Gesamtheit wirken zu können."[53] Am 13. Januar und in den vier folgenden Ausgaben erschien die Vignette von Max Pretzfelder. Erst am 17. Februar wurde die von der Jury ausgewählte Vignette von Hans Sehmisch auf die Titelseite gesetzt.

[53] Gustav Tschentscher, 1. Teil seiner Erklärung, in: IW Nr. 40 vom 6.01.1918.

Friedrich Hommel übernahm die Aufgabe des Hauptschriftleiters. Am 20. Januar beschrieb und begründete er in seinem Leitartikel *Neue Pfade* die Absicht der Redaktion, die Zeitschrift durch eine neue Ausrichtung inhaltlicher und gestalterischer Art attraktiver zu machen:[54] „Das Erlebbare, uns unmittelbar selbst als Anregung Berührende soll daher klarer noch als bisher als unser Programm den Weg zeigen, den wir bewußt und sicher zu gehen haben. Wenn man zu Hause von uns liest, oder wenn wir selbst später in einer durch die Erinnerung gemilderten Stimmung unsere Zeitung zur Hand nehmen, wird nur eines von Interesse sein: nur das, was als ein Dokument unserer Gefangenenwelt seinen charakteristischen Wert hat. Für andere Gebiete wird uns zum Teil das Recht auf Zuständigkeit bestritten werden. Vieles wird uns als geistiges Freibeutertum recht wenig zur Ehre gereichen, und das Meiste uns aus Büchern oder Zeitschriften weit besser und ausführlicher vor Augen treten. ... Was schließlich noch durch die jüngste Bereicherung unseres Lagers an künstlerischen Kräften für Aussichten eröffnet sind, wird den Kunstfreunden des Lagers hoffentlich mehr und mehr auch an unserer Lagerzeitung spürbar werden. Mir ist künstlerische Anregung immer ein Lebensbedürfnis gewesen und hat mir den Sinn des Lebens tiefer erschlossen als alles Studium, und alles berufliche Wissen. So glaube ich, es rechtfertigen zu dürfen, wenn unsere Insel-Woche den Grundlagen der Gefangenenkultur auch die einer künstlerischen Beeinflussung zugesellt."

[54] Friedrich Hommel, Leitartikel *Neue Pfade*, in: IW Nr. 42 vom 20.01.1918.

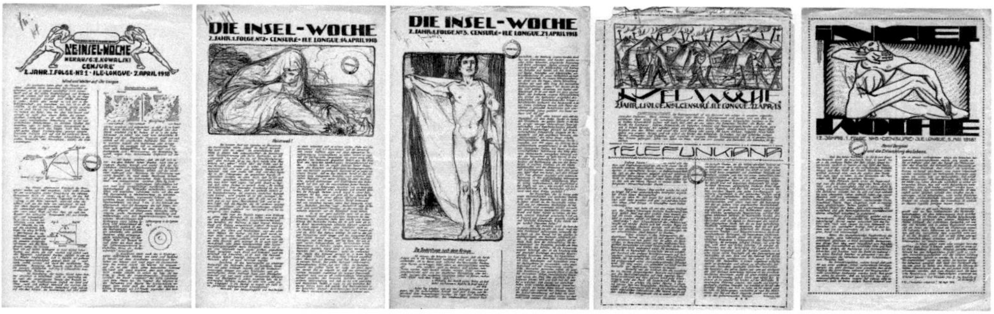
DIE INSEL-WOCHE

DIE INSEL-WOCHE

TELEFUNKIANA

Abbildung 51: IW „2. Folge, 2. Jahrgang“ , Nr. 1, 2, 3, 4, 5 (Archives départementales du Finistère)

DIE ANKUNFT eines weiteren begabten Künstlers, des Ungarn Paul von Kovacs, Ende Februar 1918 bot den Redaktionsmitgliedern die Chance, die Zeitung noch stärker künstlerisch auszurichten. Passend für die erste Zeitung des 2. Jahrgangs der „2. Folge“ zeichnet Paul von Kovacs zwei Männer mit einer Druckerwalze.

In den folgenden Ausgaben wurden von den Künstlern Leitartikel illustriert und verstärkt die Stimmung im Lager abgebildet. Den Inhalten der Texte waren durch die Zensur Schranken gesetzt, durch diese Abbildungen sollte dies nun kompensiert werden. Diese Zeichnungen (in zeitlicher Reihenfolge) wurden von der Schriftleitung ausgewählt: „Zwei Männer mit Druckerwalze“ (Paul von Kovacs), „Heimweh“ (Leo Primavesi), „Die Wahrheit“ (Leo Primavesi), „Expressionistische Baracken“ (Max Pretzfelder), „Erwachen“ (Paul von Kocacs), „Gewitterwolken“ (Hans Sehmisch).[55]

[55] Die Titel der beiden Zeichnungen von Leo Primavesi werden in der *Insel-Woche* jeweils erwähnt, die übrigen sind meine eigenen Beschreibungen.

DIE Redaktionsmitglieder nahmen zu der Zeit verstärkt die Außen- und Nachwelt in den Blick. Sie beabsichtigten, für die Zukunft ein besonderes Dokument des Gefangenenlebens zu schaffen, einen Beleg für ihre eigene Arbeit und für die Leistungen der Internierten. Deshalb versuchten sie erneut, eine Genehmigung zu erhalten, die *Insel-Woche* an die Angehörigen versenden zu dürfen. Wiederum erhielten sie eine Absage.

DIE · INSEL-WOCHE

2. JAHRG. 2. FOLGE No 6 · CENSURE · ILE LONGUE, 12. MAI 1918

Erinnerungen.

Die Statistik im Kriege.

Abbildung 52: Die wahrscheinlich letzte Ausgabe der *Insel-Woche*, IW Nr. 6 vom 12.05.1918 (Deutsches Historisches Museum)

Diese Titelzeichnung, eine Variante der früheren Vignette von Hans Sehmisch, zeigt die Île Longue nun bei Unwetter.

SCHWERE Gewitterwolken sind auf dem Zeitungskopf der 6. Ausgabe vom 12. Mai 1918 zu sehen und wichtige Informationen wurden veröffentlicht:

Gustav Tschentscher meldete sich zurück, obwohl er dies bei seinem Rücktritt im Januar 1918 ausgeschlossen hatte: „Mit dieser Nummer tritt Herr G. Tschentscher wieder in die Schriftleitung der Insel-Woche ein und wird nach den auf Seite 2 niedergelegten Grundsätzen gemeinsam mit dem Herausgeber der I.-W., Herrn Ed. Kowalski, unsere Lagerzeitung führen."

Diese Ankündigung hat Gustav Tschentscher wahrscheinlich selbst verfasst, denn im Nachsatz zu dieser Bekanntmachung werden gleich Maßnahmen bezüglich der „Urheberrechte" der Zeitung angekündigt: „Bei der aus dem gleichen Artikel ersichtlichen Lage können wir vorläufig uns keinen Erfolg für Bemühungen um die Ausfuhrerlaubnis für unser Blatt versprechen und müssen sie daher für später zurückstellen. Dagegen werden wir schon jetzt die näheren Schritte bei den kompetenten Stellen unternehmen, um für den Fall der Repatriierung uns unsere Rechte an der Zeitung zu sichern, damit wir die *Insel-Woche*, die zum Teil als Erinnerungsblatt an unsere Gefangenschaft gedacht war, auch wirklich nach unserer Heimkehr in unserem Besitz behalten."[56]

In dem Artikel „Von den inhaltlichen Grenzen einer Interniertenzeitung" beschreibt die Schriftleitung die Situation der Lagerzeitung. Zunächst geht sie auf die Kritik innerhalb des Lagers an der künstlerischen Gestaltung der Zeitung ein und führt aus, mit welchen Schwierigkeiten es verbunden ist, in dieser Zeit und unter diesen besonderen Umständen eine anspruchsvolle Zeitung zu erstellen.

[56] Notiz *An unsere Leser!*, in : IW Nr. 6 vom 12.05.1918.

Dann kommt die schlechte Botschaft: Das drohende Verbot der *Insel-Woche*. Es wird ersichtlich, dass der Redaktionsleitung der schwierige Spagat zwischen den Stimmungen und Bedürfnissen der Internierten einerseits und den Vorgaben der Lagerleitung andererseits, der Zensur, nicht mehr gelang.

„Wenn ich einleitend von einer kritischen Zeit für unsere Lagerzeitung sprach, so meine ich damit wirklich nicht die ‚künstlerischen Schwierigkeiten', die mehr Raum in Anspruch genommen haben, als ich ihnen urspünglich zumaß. Es handelt sich um viel Ernsteres. Wie wir durch die schweizerische Gesandtschaft in Paris erfahren, ist die ‚I.-W.' behördlicherseits mit der Aufhebung bedroht, wenn sie gewisse Tendenzen nicht ändert. Da befinden wir uns allerdings auf schwierigerem Boden; denn die inhaltlichen Grenzen einer Lagerzeitung sind nach dieser Richtung hin schwerer zu umschreiben, zumal auf beiden Seiten nur Subjektivität bestimmend wirkt und die Konsequenzen behördlicher Entscheidung von uns restlos ertragen werden müssen."[57]

[57] Artikel *Von den inhaltlichen Grenzen einer Interniertenzeitung*, in: IW Nr. 6 vom 12.05.1918.

Die Schwierigkeiten, auf die sich die Schriftleitung bezog, waren durch die Veröffentlichung des fiktiven Erlebnisberichtes eines Internierten *Meine Schweizreise* entstanden, der aus mehreren Folgen bestand (IW Nr. 3, 4 und 6). Dieser Autor war einer Anregung von Friedrich Hommel gefolgt, einen Text zu schreiben, der eigenes Empfinden und Erlebnisse wiedergab.[58] In Ermangelung eigener Erlebnisse hatte der Autor einen fiktiven, ironischen Bericht geschrieben zu dem Thema „Austausch wegen Krankheit, Verschickung in die Schweiz", das alle Internierten brennend interessierte.

[58] Friedrich Hommel hatte im Januar in seinem Leitartikel *Neue Pfade* erwähnt, dass Texte, die vornehmlich Auszüge aus Büchern der Lagerbücherei enthielten, nicht der Zielsetzung der Zeitung entsprächen und die Internierten gebeten, über eigene Erlebnisse und Empfindungen zu schreiben.

Der Autor beschrieb in diesem Text auch Situationen, die ein ungünstiges Licht auf die Lagerleitung warfen. So hätte sich bei den medizinischen Untersuchungen in Lyon herausgestellt, dass der Gesundheitszustand der

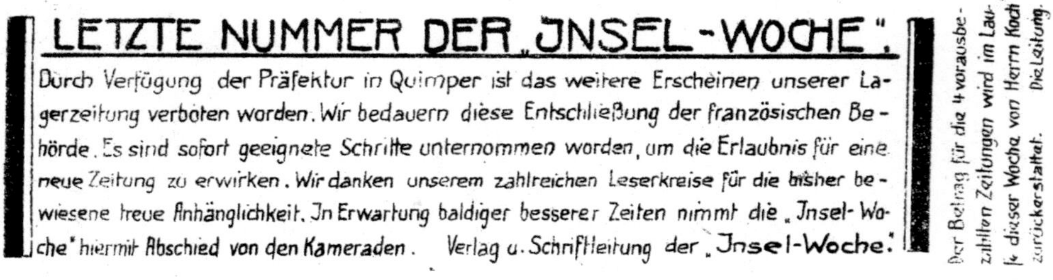

LETZTE NUMMER DER „JNSEL-WOCHE".

Durch Verfügung der Präfektur in Quimper ist das weitere Erscheinen unserer Lagerzeitung verboten worden. Wir bedauern diese Entschließung der französischen Behörde. Es sind sofort geeignete Schritte unternommen worden, um die Erlaubnis für eine neue Zeitung zu erwirken. Wir danken unserem zahlreichen Leserkreise für die bisher bewiesene treue Anhänglichkeit. Jn Erwartung baldiger besserer Zeiten nimmt die „Jnsel-Woche" hiermit Abschied von den Kameraden. Verlag u. Schriftleitung der „Jnsel-Woche".

Der Betrag für die 4 vorausbezahlten Zeitungen wird im Laufe dieser Woche von Herrn Koch zurückerstattet. Die Leitung.

Abbildung 53: Bekanntmachung *Letzte Nummer der „Insel-Woche"*, undatiert (Deutsches Historisches Museum)

Internierten von der Île Longue schlechter war als der von Internierten aus anderen Lagern. Der Unterpräfekt informierte daraufhin den Präfekten von Finistére über diesen „ungehörigen" Artikel.[59].

[59] Vgl. Notiz vom 1.05.1918 des Sous-Préfet an den Préfet du Finistère (Archives départementales du Finistère)

Im Deutschen Historischen Museum in Berlin wird zusammen mit der Ausgabe Nr. 6 eine separate Bekanntmachung aufbewahrt, die nicht datiert ist. Die Schriftleitung informierte damit ihre Leser, dass die *Insel-Woche* durch eine Verfügung der Präfektur in Quimper verboten wurde. Es ist also sehr wahrscheinlich, dass diese Nummer 6 die letzte Ausgabe der *Insel-Woche* ist.

Monate später erschienen zwei neue Lagerzeitungen: Die *Kehrseite* (Erscheinungszeitraum: September 1918 bis Februar 1919), von der uns derzeit noch keine Exemplare vorliegen, und die von Gustav Tschentscher herausgegebene *Inselstimme* (Erscheinungszeitraum: Februar bis April 1919), in der er ausschließlich politische Themen behandelte.

Gustav Tschentscher schreibt:[60] „An meine Leser! Wie in meinen Vorträgen früher so hoffe ich auch mit dieser Zeitung, manchem Kameraden eine Führung durch die Ereignisse der Zeit geben zu können."

[60] Gustav Tschentscher, Artikel *An meine Leser!* , in: *Inselstimme* vom 7.02.1919.

Zusammenleben

An der Wende vom 19. zum 20. Jahrhundert wurden psychische Erkrankungen verstärkt wissenschaftlich untersucht. Die Methoden der Psychoanalyse von Sigmund Freud wurden diskutiert. Verschiedene Symptome, die sich unter den Bedingungen von starken Belastungen wie bei Stress aber auch bei restriktiven oder monotonen Lebensbedingungen entwickelten, fasste man zu dem Krankheitsbild *Neurasthenie* zusammen. Die *Neurasthenie* wurde damals eine Art „Mode"-Erkrankung - vergleichbar in etwa mit dem heutigen *burn-out*. Die Akzeptanz von psychischen Auffälligkeiten war bei einer solchen Diagnose größer, weil die betroffene Person dadurch nicht stigmatisiert wurde.

WÄHREND des Ersten Weltkriegs galt die *Neurasthenie* dann als typische Krankheit der Gefangenen. Von dieser sogenannten „Stacheldrahtkrankheit" wurden relativ viele Offiziere und Gebildete erfasst, insbesondere Kaufleute, deren Berufsleben ständige Mobilität erforderte. Die *Neurasthenie* wurde sogar offiziell als Austauschgrund akzeptiert.[61]

Auch die Gefangenen im Lager der Île Longue reagierten mit mehr oder weniger starken psychischen Problemen. Es fiel ihnen zunehmend schwerer, das tägliche Leben hinter Stacheldraht zu akzeptieren. Zu Anfang

[61] Vgl. Rainer Pöppinghege, *Im Lager unbesiegt*, S. 158.

Abbildung 54: Internierte vor ihrer Baracke (Marine Nationale : archives Ile Longue)

hatten sie mit einer kurzen Verweildauer im Lager gerechnet. Durch die Aktivitäten zur Bewältigung ihrer neuen Situation waren sie zunächst von diesen ungewohnten Lebensbedingungen abgelenkt worden. Doch das Zusammenleben mit den unterschiedlichen Menschen in räumlicher Enge sowie der Mangel an Rückzugsgelegenheiten, aber auch die eingeschränkten Kommunikationsmöglichkeiten nach außen und die Eintönigkeit des Lebens wirkten sich auf ihre Befindlichkeit aus. Hinzu kam das Gefühl der Ohnmacht wegen ihrer erzwungenen Tatenlosigkeit. Sie wussten inzwischen, dass die Situation in ihren Heimatländern schwieriger wurde. Väter und Brüder waren an der Front, Frauen und Schwestern mussten zusätzliche Arbeiten übernehmen und darüber hinaus für die Familien sorgen.

Die eher Introvertierten wurden durch den psychischen

Stress zunehmend desinteressiert und passiv. Sie litten besonders unter dem Gefühl der Isolation und der Entfremdung von der Heimat. Sie kapselten sich ab und nahmen wenig an dem gesellschaftlichen Leben teil.

So wahrscheinlich auch Carl. Sein Naturell war zwar humorvoll und freundlich, er hatte jedoch von seinem Vater auch eine Portion Schwermut geerbt. Die Nachrichten aus der Heimat bedrückten ihn zusätzlich. Er hörte von dem Tod seines Bruders Ernst, von der Kriegsgefangenschaft seines Bruders Herbert und von Bruder Friedrich, der sich zum Flugzeugführer hatte ausbilden lassen. Die jüngeren Geschwister waren noch zu Hause. Dort aber kam das Geschäft mit dem Kurbetrieb zum Erliegen. Carl litt sicherlich auch darunter, dass er nicht in der Lage war, seinen Eltern helfen zu können, dass er vielmehr eher auf ihre Untersützung durch Geldzuwendungen oder Pakete angewiesen war.

DIE Extrovertierteren hingegen entwickelten eine besondere Betriebsamkeit und versuchten, sich abzulenken. Einige von ihnen liefen ruh- und rastlos im Lagergelände, auf dem Sportplatz oder zwischen den Barackenreihen umher. Friedrich Hommel erwähnte in einem Artikel die bemerkenswerten und manchmal auch merkwürdigen Aktivitäten der Internierten. „... mit welcher Gerissenheit sich manche die Zerstreuung zu ernster Tagesarbeit machen, kann eine gewisse negative Befruchtung für den Leser sein. Die Sekte der Mondanbeter beispielsweise, die hier seit längerer Zeit ihren mysteriösen Kult ausübte, ist an dieser Stelle noch nie psychologisch gewürdigt worden."[62]

[62] Friedrich Hommel, Artikel *Neue Pfade*, in: IW Nr. 42 vom 20.01.1918.

MÖGLICHKEITEN zur Ablenkung und Zerstreuung suchten sich die meisten Internierten. Sie kamen auf die unterschiedlichsten Ideen: Sie schafften sich Hunde an, hielten sich Hühner und bewirtschafteten sogar Gemüsegärten oder sie werkelten, bastelten und bauten.

Einige widmeten sich den schönen Künsten, um sich ihr Leben erträglicher zu machen: Sie musizierten, schauspielerten, zeichneten oder dichteten. Andere wiederum forschten oder studierten, sie vertieften ihr Wissen mit Hilfe des Bücherbestandes der Lagerbücherei und berichteten aus ihrem großen persönlichen Wissensschatz.

Sie boten Unterrichtskurse an, die von vielen Internierten genutzt wurden, um sich weiterzubilden. Friedrich Hommel wies in einem Artikel[63] darauf hin, dass gerade der Unterricht eine Möglichkeit sei, aus der Not eine Tugend zu machen: „Ich möchte sagen, dass gerade die Gefangenschaft sich dazu eignet, dafür zu sorgen, später etwas Positives mit nach Hause zu nehmen.“ Er sprach damit in erster Linie den Zugewinn an Sachkenntnis an, aber sehr wahrscheinlich hatte er dabei den Unterricht als Therapie und darüber hinaus als Grundlage zu einem Reifungsprozess im Blick.

[63] Friedrich Hommel, Artikel *Zum Sprachstudium*, in: IW Nr. 4 vom 29.04.1917.

Abbildung 55: Programm *Erstes Symphonie-Konzert, veranstaltet vom Deutschen Hilfs-Ausschuss Ile Longue*, 8.03.1918, Farbdruck (Archives départementales du Finistère)

Zur Aufheiterung und Unterhaltung gab es zahlreiche Veranstaltungen und gesellige Ereignisse, wie Diners, Konzerte und Wohltätigkeitsveranstaltungen. Bereits im Sommer 1915 fand ein großes Stiftungsfest des Deutschen Hilfsvereins statt. Dafür wurde eine aufwändig gestaltete Festzeitung herausgegeben, die noch mit Hand geschrieben, dann hektografiert und sogar koloriert wurde.

Eine Strategie der Internierten war es, mit Humor die negativen Emotionen zu unterdrücken. Die Lagerzeitung brachte heitere Beiträge, um die Stimmungslage zu heben. Edmund Kowalski schrieb die lustige 5-teilige Reihe *Ein Tag unseres Lagerlebens*[64] mit Illustrationen von Hans Semisch.

[64] Vgl. IW Nr. 13, 17, 21, 26, 33 aus 1917.

Abbildung 56: *Festzeitung* von 1915, koloriert (Archives départementales du Finistère)

Carl liebte solche Textformen, war er doch ein Verehrer von Wilhelm Busch und seiner Dicht- und Zeichenkunst. Eine uns gut bekannte Redewendung stammte sicherlich noch aus der Lagerzeit: „Humor ist, wenn man trotzdem lacht."

Die Internierten amüsierten sich auch mit Sprachspielen. Wegen der verschiedenen Nationalitäten[65] der Gefangenen herrschte bereits ein ziemliches Sprachgewirr im Lager. Hinzu kam, dass viele der Internierten in den Jahren zuvor in anderen Ländern, wie in Süd- oder Nordamerika, gelebt hatten und auch Englisch oder Spanisch sprachen. Die zum großen Teil sehr gebildeten Männer haben auf diese Situation mit Kreativität und Witz reagiert.

Es wurden Wortspiele und Wortschöpfungen veröffentlicht, wie zum Beispiel *Stacheldrahtlatein*, das sich großer Beliebtheit erfreute.

[65] Aus welchen Ländern die Internierten stammten, erfahren wir aus dem Bericht der Inspektoren vom September 1917.

Die Anzahl der Gefangenen wurde dort zum ersten Mal nach Nationalitäten aufgeschlüsselt. Danach stellten die Deutschen mit 1.283 die größte Gruppe, es folgten die Österreicher mit 86 und die Ungarn mit 64, außerdem wurden 46 Türken und 3 Bulgaren aufgeführt.

Neues Stacheldrahtlatein.

(Quale vinum - tale Latinum)

Nulla dies sine linea - Die Wochenchronik
Carmina non prius audita - Kammermusik
Odi profanum vulgus - Erziehung und Umgebung
Matre pulchra filia pulchrior - Reinitas Tochter
Oleum et operam perdidi - Der Tor und der Tod
Favete linguis - Die neusten Nachrichten
Ne quid nimis - Kunst im Lagerleben
Ut aliquid fieri videatur - Austauschverhandlungen
Non olet - Der Kriegsgewinn (2 zu 35 grau- gemischt)
Rudis indigestaque moles - Schokoladenbohnensuppe
* * *

Abbildung 57: *Neues Stacheldrahtlatein*, aus: IW Nr. 4 vom 27.04.1918 (Archives départementales du Finistère)

Schon in der *Insel-Woche* Nr. 23 vom 9.11.1917 erschien der erste Beitrag *Stachldrahtlatein*. Die Wortschöpfungen betrafen vor allem die Austauschverhandlungen, zu denen es häufig Veröffentlichgungen von Ernst Tschentscher gab:

Quousque tandem - Die Austauschverhandlung

Quae non sunt simula - Der Schweizerkandidat

Solamen miseris - Durchgefallen

Der Artikel „Eine neue Sprache" in der *Insel-Woche* gibt die Unterhaltung von zwei Sportfreunden wieder:[66]

„A: Ist Eure Gäng schon von der Korweh retur? B: Wir sind heute gar nicht am Törn; außerdem habe ich dafür einen Macker, den alten Dunkelmann, Sabeh. A: Tangmiö ... B: Wie war eigentlich Euer Mätsch heute früh? A: Schauderhaft, nichts als Schticks and Kicks. Und wie ich gerade aufs Gohl schießen wollte, ist mir der feindliche Bäck auf den Fuß gejumpt. Na danke. — B: Es scheint hier Schluß zu sein. A: No, noch plenty Stoff vorhanden. Hievst Du noch einen? B: No, danke ich muve lieber. Salüh! A: Ohlreit, wamoß. —"

[66] Artikel *Eine neue Sprache*, Auszug, aus: IW Nr. 10 vom 9.07.1917.

Das Interesse an Sprache und Sprachformen war so groß, dass Anfang 1918 der Deutsche Hilfsausschuss vier Dialekt-Abende mit szenischen Darstellungen und Musikeinlagen „zur Pflege edler Geselligkeit" organisierte. Max Pretzfelder illustrierte die Berichte über diese Reihe in der *Insel-Woche*.

Abbildung 58: Illustration *II. Dialektabend*, aus: IW Nr. 46 vom 17.02.1918 (Archives départementales du Finistère)

Die letzte Veranstaltung *Der Rheinische Abend* war ein großer Erfolg. Friedrich Hommel schrieb dazu: „Wer bis dahin angenommen hatte, daß die Dialektabende zur Zersplitterung unter uns Deutschen auf der langen Insel führen könnten, ist durch den Rheinischen Abend eines besseren belehrt worden."[67]

[67] Friedrich Hommel, Artikel *4. Dialektabend*, aus: IW Nr. 51 vom 24. März 1918.

Zu einer Zersplitterung der Deutschen auf der Insel kam es nicht, dennoch existierten Gruppen und besondere „Klubs", wie Hermann von Boetticher sie bezeichnete: „Klubs bilden sich und Klassen: die ganz Feinen, die Feinen, die Reichen, die Wohlhabenden, die Kleinbürger und Handwerker, die Proletarier, Rechtlosen und Armen."[68]

[68] Hermann von Boetticher, *Erlebnisse aus Freiheit und Gefangenschaft*, S. 118.

Es gab auf der Île Longue viele dieser „Klubs". Auffällig waren die großen sozialen Unterschiede. Hinzu kam eine sichtbare Trennung nach Nationalitäten. Die Österreich-Ungarn hatten gleich zu Anfang ausdrücklich den Wunsch geäußert, gemeinsam untergebracht zu werden. Dieser Bitte wurde seitens der Lagerleitung entsprochen. Sie bekamen zusätzlich einen eigenen Aufenthaltsraum, der von den Internierten anderer Nationalitäten mitbenutzt wurde. Ihnen wurde auch erlaubt, separat zu kochen, um ihre traditionellen Speisen zubereiten zu können.

Einer kleinen Gruppe gelangen außergewöhnliche Aktivitäten. Diese Gruppe fand und organisierte sich nach ihren eigenen Regeln, ohne dass die französische Lagerleitung oder die anderen Internierten Kenntnis davon bekamen. Karl Italiener und Titus Taeschner waren die Initiatoren. Titus Taeschner berichtet über das Vorgehen in seiner Broschüre *Die Feldloge In Ketten zum Licht* und andere freimaurerische Erinnerungen aus der Kriegsgefangenschaft.[69]

[69] Vgl. Christophe Kunze, Artikel *Eine Freimaurer-Loge im Lager*.

Die wenigen Brüder Freimaurer, die sich durch Zufall gefunden hatten, gingen bei der Suche nach weiteren Brüdern mit der gebotenen Diskretion vor. Am 17. Februar 1918 wurde eine Anzeige in der Lagerzeitung

Abbildung 59: Anzeige *Pianoforte*, in: IW vom 17.02.1918 (Archives départementales du Finistère)

Pianoforte war das Stichwort, da die meisten Klavier-Fabrikanten zu der Zeit Mitglieder bei den Freimaurern waren.

aufgegeben mit einer kurzen, nur für Freimaurer verständlichen Mitteilung.

Es meldeten sich weitere Personen und am 28. Januar 1918 wurde mit 12 Brüdern die Feldloge *In Ketten zum Licht* gegründet.

Diese Brüder Freimaurer waren eine Gruppe, deren Mitglieder aus verschiedenen Ländern kamen. Sie schafften es, sich einen passenden Raum für ihre Zusammenkünfte aus zerlegbaren Wandteilen herzustellen. Dieser Kasten bzw. „Tempel" konnte sehr schnell auf- und abgebaut werden. Aufgestellt und benutzt wurde er in einer der Küchen, die ihnen inzwischen zur Verfügung stand.

Abbildung 60: Leo Primavesi, Zeichnung *Mann mit Fußfessel*, aus: IW Nr. 31 vom 4.11.1917 (Archives départementales du Finistère)

Die notwendigen Requisiten konnten besorgt werden. Türkische und ungarische Schneider nähten passende Kleidungsstücke. Der Gründungsakt muss sehr feierlich gewesen sein. Es gab ein festliches Mahl mit vielen Leckereien. Titus Taeschner schreibt dazu: „Man konnte nämlich auf der Ile Longue, wenn auch damals schon zu gesalzenen Preisen, alles haben. Das Essen kostete 30 Franken. Auch der Wein fehlte nicht und bald waren wir alle in animiertester Stimmung, die allerdings durch das Appellsignal um 8 Uhr eine starke Ernüchterung erlitt."[70]

[70] Titus Taeschner, Die Feldloge *In Ketten zum Licht und andere freimaurerische Erinnerungen aus der Kriegsgefangenschaft*, aus: Artikel *Eine Freimaurer-Loge im Lager* von Christophe Kunze.

Am 24. Juni 1918, am Johannisfest, stellten die Brüder Freimaurer ihre „Arbeiten" ein, sie bauten alles ab und vernichteten ihre Materialien. Es kursierten Meldungen über den Abschluss von Austauschverhandlungen. Die Hoffnung verbreitete sich, dass eine baldige Rückkehr in die Heimat bevorstand.

Die Feldloge *In Ketten zum Licht* existierte nur eine kurze Zeit. Dennoch blickte Titus Taeschner mit Zufriedenheit auf diese Zeit zurück. Es war nicht nur gefeiert worden; vier „Arbeiten" wurden abgeschlossen und zwei Vorträge im „Tempel" gehalten.

ALL DIESEN Betätigungen und Aktivitäten gingen die Zivilinternierten freiwillig nach, da Arbeitspflicht für sie nicht bestand. War diese Regelung zu ihrem Schutz beschlossen, um sie vor Ausbeutung zu bewahren, so hatte dies auch negative Auswirkungen. Etliche der Gefangenen sahen keinen rechten Sinn in ihren Tätigkeiten oder ihnen fehlte eine feste Tagesstruktur.

Der Autor der Broschüre *Die Werkstätten des deutschen Hilfsvereins im Lager der Zivilgefangenen von Ile Longue Frankreich* beschreibt die negativen Auswirkungen der langen Untätigkeit:[71]

„Wem nicht nur sein eigenes kleines Ich am Herzen liegt, sondern wer im 4. Gefangenschaftsjahre noch in der Lage ist, sozial zu fühlen, den will die Sorge um das Schicksal mancher Kameraden nach so langer Untätigkeit nicht loslassen. Körperkräfte und handwerkliche Geschicklichkeit sind vielfach verloren gegangen, Arbeitslust und Arbeitssinn haben nachgelassen."

[71] Deutscher Hilfsverein, Broschüre *Die Werkstätten des deutschen Hilfsauschusses*, S. 5.

Abbildung 61: Illustration *Schuhmacherei*, aus: Broschüre Deutscher Hilfsverein *Die Werkstätten des deutschen Hilfsausschusses* (Archives départementales du Finistère)

DESHALB ergriff der Deutsche Hilfsausschuss im Laufe der Zeit weitere Maßnahmen zusammen mit dem Deutschen Hilfsverein.

„Der Hilfsausschuss für die deutschen Zivilgefangenen auf der Ile Longue hat sich bei seinem Werk besonders von dem Grundsatz leiten lassen, die Arbeitskraft der Lagergenossen im wohlverstandenen Interesse des Einzelnen und zum Wohl der Gesamtheit auszunutzen. Dem Einzelnen sollte mit der Gelegenheit zur Arbeit überhaupt außer dem selbstverständlichen Arbeitsverdienst gleichzeitig Arbeitssinn und -lust erhalten und er in die Lage versetzt werden, eine gewisse handwerkliche Geschicklichkeit wieder zu erwerben, die bei dem Nichtstun der ersten Gefangenschaftsjahre verloren gegangen war. Das Arbeitsprodukt aber mußte notwendigerweise seine Verwendung zum Wohl der Allgemeinheit finden. Es sind in diesem Zusammenhang besonders die Schneiderei und die Schusterwerkstatt zu nennen, die vom deutschen Hilfsausschuß wegen der zahlreichen Anforderungen der Hilfsbedürftigen zuerst eingerichtet worden sind."[72]

Neben der Einrichtung von Werkstätten plante und organisierte der Deutsche Hilfsverein im September 1917 eine Ausstellung für Handwerk und Kunst, HAKU genannt. Die Redaktionsleitung der *Insel-Woche* unterstützte diese Bemühungen und warb intensiv für diese Veranstaltung.

„Wir hoffen, daß wir eine Menge von Ausstellungsgegenständen zu sehen bekommen, die wir dem Fleiß und der Geschicklichkeit der Kameraden verdanken, und daß die Ausstellung selbst ein künstlerisches Gepräge erhalten wird. Vielleicht wird mancher aus der Ausstellung neuen Mut und neue Anregung mitnehmen, um später selbst in der Betätigung der hier so vielseitig geübten handwerklichen Arbeit sich einer Ermüdung und zunehmenden Energielosigkeit gegenüber siegreich zur Wehr setzen zu können. Besonders wäre es daher zu begrüßen, wenn als eine Frucht der Ausstellung handwerkliche Kurse unter fachmännischer Leitung zustande kämen."[73]

[72] Deutscher Hilfsverein, Broschüre *Die Werkstätten des deutschen Hilfsausschusses*, S. 1.

[73] Ebenda, S.2.

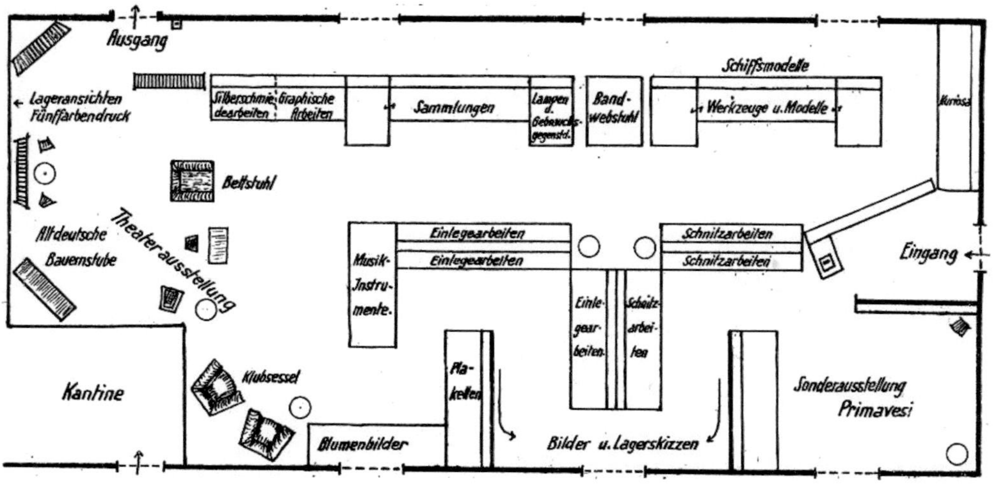

Abbildung 62: Grundriss Halle der HAKU (Ausstellung für Handwerk und Kunst), aus: IW Nr. 27 vom 7.10.1917 (Archives départementales du Finistère)

Die Ausstellung war ein großer Erfolg, die Produkte aus den unterschiedlichsten Berufen waren vielfältig. Neben den Werkstücken aus den herkömmlichen Handwerksberufen wurden typische Artikel aus den Heimatländern der Internierten und darüber hinaus auch ganz unerwartete Arbeitsergebnisse gezeigt.

Die *Insel-Woche* Nr. 28 vom 14. Oktober 1917 widmete eine ganze Ausgabe der Ausstellung: „Unsere Ausstellung für Handwerk und Kunstgewerbe hat uns vieles Überraschendes ja Erstaunliches gebracht. Arbeitsdarstellungen, die zum Teil weit über den Rahmen einer solchen Ausstellung hinausragen. Zu diesen gehören in erster Linie die verschiedenen Sammlungen zoologischer und geologischer Art."

Abbildung 63: Innenansichten HAKU, aus: IW Nr. 27/28 , 7. und 14.10.1917 (Archives départementales du Finistère)

Auch für den Deutschen Hilfsverein war die HAKU ein Erfolg. Die Lagerbehörde war so beeindruckt von den Arbeiten der Internierten, dass sie dem neuen Anliegen des Hilfsvereins, eine weitere Werkstatt aufzubauen, es war unter anderem eine Holzschuhfabrikation geplant, positiv gegenüber stand.

Über andere Probleme der Internierten erfahren wir aus der Lagerzeitung nur wenig. Wir erfahren nicht, wie häufig Kollektivstrafen, wie Post-, Paket- und Zeitungsverbot, verhängt wurden, was für die Internierten wirklich eine schlimme Strafe war. Wir erfahren nichts über Kürzungen bei den Essensrationen als Vergeltung für gleiche Maßnahmen in deutschen Lagern, oder auch weil die Versorgungslage der französischen Bevölkerung immer schwieriger wurde. Auch nichts über die verdorbenen Nahrungsmittel, über die Würmer und Maden, die in den getrockneten Lebensmitteln entdeckt wurden.[74] Und nichts über die Magen- und Darmerkrankungen, unter denen die Internierten litten. Nachts wurden die Gefangenen häufig von Ungeziefer geplagt,[75] außerdem waren der Dreck und der Gestank in manchen Baracken schwer zu ertragen.

[74] Vgl. Hellmut Felle, Bericht *Fünf Jahre hinter Stacheldraht.*

[75] Vgl. *Unsere nächtlichen Plagegeister,* IW Nr. 6 vom 13.05.1917.

Zwischenmenschliche Störungen machten ihnen das Leben noch zusätzlich schwer. Streitigkeiten und Provokationen waren an der Tagesordnung. Über Querelen, Wortverdrehungen, Lügen und Verleumdung, quasi als „Zeitvertreib", wurde sogar in der Lagerzeitung berichtet. Nicht ohne Grund stand auf dem Programm des Lagertheaters das Lustspiel von Franz Grillparzer „Weh' dem, der luegt".

Abbildung 64: Theaterprogramm, Zeichnung Paul Weigt (Archives départementales du Finistère)

Auch Friedrich Hommel wurde angegriffen. Ausgerechnet bei der Weihnachtsfeier des Hilfsausschusses bekam er Ärger wegen eines Missverständnisses mit dem Österreichisch-Ungarischen Hilfsausschuss. In der *Insel-Woche* veröffentlichte er daraufhin folgende Erkärung: „In der üblichen, liebevollen Verdrehung von Tatsachen legte man mir eine Redewendung in meiner Ansprache gelegentlich der Weihnachtsfeier des Hilfsausschusses als Angriff gegen den Österreichisch-Ungar. Hilfs-Ausschuß zur Last. Ich weise diese Verdächtigung im Interesse der Mitglieder des Österreichisch-Ungar. Hilfsausschusses, zu denen ich in durchaus freundschaftlicher Beziehung stehe, auf das Energischste zurück und spreche gleichzeitig den Urhebern derartiger Gerüchte mein herzlichstes Beileid aus."[76]

Der Streit eskalierte so, dass sich Friedrich Hommel zu einer weiteren Erklärung genötigt sah und sogar Konsequenzen für seine Tätigkeit ankündigte:

„Da der Vorsitzende des Österreichisch-Ungar. Hilfsausschusses in einem offiziellen Schreiben an die Hauptschriftleitung der *Insel-Woche* mir als dem verantwortlichen Träger der Hauptschriftleitung den Vorwurf mangelnder Wahrheitsliebe macht und meine Zugehörigkeit zur Klasse anständiger Menschen in Frage stellt, so sehe ich mich mit Rücksicht auf das mir in einem solchen Falle beruflich vorgeschriebene Verhalten gezwungen, mich solange von jeder öffentlichen Betätigung fernzuhalten, bis diese entehrenden Beschuldigungen von seiten des Österreichisch-Ungar. Hilfsausschusses ihr Zurück in genugtuender Weise gefunden haben."[77]

DER FRIEDE wurde offensichtlich bald danach geschlossen, denn bereits in der übernächsten Ausgabe der *Insel-Woche* veröffentlichte Friedrich Hommel den Artikel *Variationen über das Thema Freundschaft*.[78]

[76] Friedrich Hommel, Erklärung, in: IW Nr. 40 vom 6.01.1918.

[77] Friedrich Hommel, Persönliche Erklärung, in: IW Nr. 49 vom 10.03.1918.

[78] Friedrich Hommel, Artikel *Variationen über das Thema Freundschaft*, in: IW Nr. 51 vom 24.03.1918.

Leuchtturm - das Lagertheater

Das Lagertheater der Île Longue ist mit dem Namen des aus Österreich stammenden Regisseurs Georg Wilhelm Pabst verknüpft. Der Erfolg des Theaters ist im Wesentlichen auf ihn zurückzuführen.

Abbildung 65: Porträt G. W. Pabst von Leo Primavesi, aus: Theatermappe (Eigentum der LETTER Stiftung Köln)

GEORG Wilhelm Pabst (1885 - 1967) wollte ursprünglich Offizier werden, konnte aber seinen Traumberuf wegen einer starken Kurzsichtigkeit nicht ergreifen. Da er künstlerisch interessiert war, entschloss er sich, Schauspielunterricht zu nehmen.

Ab 1904 folgten Engagements als Schauspieler in verschiedenen Städten Österreichs und Deutschlands. 1910 ging er nach New York und wurde dort am Deutschen Theater als Schauspieler verpflichtet. 1912 debütierte er als Regisseur in einem Stück von Georg Bernhard Shaw.

Im Sommer 1914, nach Ausbruch des Krieges, wollte er nach Deutschland zurückkehren.[79] Er buchte eine Passage auf der *Nieuw Amsterdam*, die für ihn wie für viele andere eine Reise in die Gefangenschaft wurde.

[79] Angeblich soll G. W. Pabst den Plan gehabt haben, in Deutschland ein politisches Theater zu gründen. Vgl. Hans-Michael Bock *Biografie, S. 251.*

IM LAGER versuchte er bald, ein Theater aufzubauen. Wie bei der Lagerzeitung war es jedoch nicht möglich, in den ersten beiden Jahren eine Genehmigung zu erhalten.[80] Viermal wurde dafür ein Anlauf genommen, es gab eine „endlose papierne Vorgeschichte". Anfang des

[80] Vgl. Artikel „Unser Theater", in: IW Nr. 42 vom 20.01.1918.

Jahres 1917 erteilte der Präfekt endlich die Genehmigung. Wegen der Verlegung der Soldaten waren Baracken frei geworden und die Vorbereitungen für das Theater konnten beginnen. Eine der leeren Adrian-Baracken wurde als Theater umgebaut und mit einer weiteren Baracke, die als Requisitenraum diente, verbunden.

Abbildung 66: *Geschäftsführer A. O. Wild und Kassierer C. F. Sperber / Theaterhalle*, Zeichnung von Leo Primavesi, aus: Theatermappe (Eigentum der LETTER Stiftung Köln)

Die Eröffnung des Lagertheaters fand zu demselben Zeitpunkt statt wie die Neuerscheinung der *Insel-Woche*. In der ersten Ausgabe vom 8. April 1917 sind gleich zwei Artikel dem Theater gewidmet: eine Besprechung des Theaterstücks *Alt Heidelberg* und ein Artikel über dieses freudige Ereignis. Voller Begeisterung schreibt Friedrich Hommel: „Mit einem energischen, frohlockenden Schrei hat es alle Befürchtungen zum Schweigen gebracht, die man nach so endlos langem Warten allmählich gehegt. Und wie tapfer es sich in seinem neuen Dasein gleich zur Geltung gebracht: vom rosigen Hauch des jungen Tages noch umflossen und doch schon voll lebensstrotzenden Ungestüms der verspäteten Knospe gleich, die gewaltsam zur Blüte drängt!“[81]

[81] Friedrich Hommel, Artikel *Unser Schauspiel*, in: IW Nr. 1 vom 8.04.1917.

Für Carl wird das Theater eine große Freude gewesen sein, zumal er seinen Nachbarn Willi Hennings schon im ersten Stück *Alt Heidelberg* in der Rolle des Kätchens bewundern konnte. Auch die Bühnendekoration wird er sich mit besonderem Interesse angesehen haben, da sein Freund Leo Primavesi diese Aufgabe übernommen hatte. G. W. Pabst verstand es, die richtigen Leute für sein Team zu verpflichten. Eine Vielzahl von qualifizierten Personen wurde benötigt, um die Hintergrundarbeiten für die Bühne und die Vorstellung zu leisten: Handwerker, Maskenbildner, Frisöre, Beleuchter, Musiker.

Der Lithograf und Designer Paul Weigt war für die

Theaterprogramme zuständig. Paul Weigt wurde am 6. November 1916 zur Île Longue verlegt. Zu diesem Zeitpunkt war er bereits 37 Jahre alt und hatte in seinem Beruf Erfahrungen gesammelt. Er kam gerade passend, denn auch für die Zeitung und die Inseldruckerei, die Anfang 1917 in Betrieb gingen, benötigte man Personen mit seiner Ausbildung und seinem Know how.

Es existieren zahlreiche Zeugnisse seines Schaffens, seiner soliden handwerklichen Tätigkeit und seiner künstlerischen Arbeiten. Neben diesen vielen Auftragsarbeiten hatte Paul Weigt noch ein weiteres Hobby: Er gehörte zu der Kerntruppe der Schauspieler des Lagertheaters.

Abbildung 67: *Ein Blick hinter die Kulissen / Theater-Friseure R. Willke und P. Liersch*, Zeichnung von Leo Primavesi, aus: Theatermappe (Eigentum der LETTER Stiftung Köln)

Paul Weigt wird in der Theatermappe als „Ausführer der figürlichen Lithografien" benannt.

VON der Theaterleitung wurden vorwiegend zeitgenössische, unterhaltsame Stücke wie *Im weißen Rößl*, aber auch einige dramatische Werke wie *Jugend* von Max Halbe, *Traumulus* von Arno Holz und das damals sehr populäre Versdrama von Gerhard Hauptmann *Die versunkene Glocke* ausgesucht. Insgesamt wurden wahrscheinlich mehr als 50 verschiedene Stücke aufgeführt. Die Nachfrage nach Karten war zeitweise so groß, dass der Verkauf eingeschränkt werden musste. Das Theater enwickelte sich zum „Leuchtturm" des Lagerlebens.

G. W. Pabst verstand es auch, Mittel außerhalb des Lagers einzuwerben. In seinem Nachlass befindet sich ein Artikel - entweder aus einer deutschen oder österreichischen Zeitung - mit einem Aufruf um Sach- und Geldspenden für das Theater:[82]

„Er möchte Perücken, Kostüme, Schminken und andere Notwendigkeiten der Bühne haben und bittet die deutschen Schauspieler, die in Freiheit leben, sich für sein Gefangenentheater zu interessieren. Wir unterstützen die Bitte, wünschen aber gleichzeitig dem Theater der Ile Longue, was man sonst neuen Bühnen nicht zu

[82] Zeitungsartikel, unbenannt und undatiert (Deutsche Kinemathek Berlin).

Abbildung 68: *Leo Bergmann und Josef aus dem Dahl in „Im weißen Rößl"*, Zeichnung von Leo Primavesi, Farbdruck, aus: Theatermappe (Eigentum LETTER Stiftung Köln)

wünschen pflegt, daß es bald wegen Mangels an Publikum seine Pforten schließen möge."

Eine aufwändige Theatermappe über die Arbeit des ersten Jahres - mit Abbildungen von Bühnenbildern, Portraits der wichtigsten Akteure sowie Ansichten des Theatersaals und der Kulissen in der umgebauten Adrian-Baracke - wurde 1918 in der Druckerei hergestellt und zum Kauf angeboten.[83]

[83] Für diese Theatermappe fertigte Leo Primavesi die Zeichnungen an, Paul Weigt erstellte die Lithografien und Willi Hennings schrieb die Texte. Aus dieser Mappe stammen die meisten Abbildungen dieses Kapitels.

Nach einem Jahr zog der Theaterkritiker der *Insel-Woche* Bilanz und kam zu einem positiven Ergebnis. Er stellte fest, „dass weder die gefürchtete Gleichgültigkeit des

Publikums noch ein Erkalten des heiligen Feuers der Schauspieler, noch die Kritiken der Insel-Woche die Bühne zur Schließung ihrer Pforten zwingen konnten. Im Gegenteil, trotz größerer Mannigfaltigkeit der sonstigen Veranstaltungen macht das Theater fast immer volle Häuser, die Zahl der Darsteller hat sich vervielfacht und die Kritiken sind - nolens volens - gut und immer besser geworden."[84]

[84] Theaterkritiker „H. G.", Artikel *Theater*, in: IW Nr. 48 vom 3.03.1918.

BALD darauf jedoch traf die allgemeine Krise auch das Theater. Die Theatermappe fand nicht mehr genügend Abnehmer. Die Kritik am Theater nahm zu. Das letzte Stück, das G. W. Pabst inszenierte, war das Lustspiel *Erde* von Karl Schönherr. Noch vor der Aufführung muss es zu einem Eklat gekommen sein, denn die Theaterleitung trat geschlossen zurück. Die Aufführung am 5. Mai 1918 fand unter der neuen Theaterleitung statt. Zum gleichen Zeitpunkt war bereits ein anderer Spielleiter tätig.

AM 12. Mai 1918 konnten die Internierten folgende Bekanntmachung der neuen Theaterleitung in der *Insel-Woche* lesen: „Nachdem die Herren G. W. Pabst und A. D. Wild von ihren Posten im Theater zurückgetreten sind, haben auf dringenden Wunsch der am Theater mitwirkenden Kameraden folgende Herren sich zur Weiterführung der ‚Schauspiele Ile Longue' bereit erklärt: Dr. L. Mannheim als Theaterleiter, Fr. Hommel als Dramaturg, K. Ratzlow als Spielleiter."[85] Die meisten Mitglieder des Verwaltungsausschusses wurden ausgetauscht. Paul von Kovacs übernahm die Aufgabe von Leo Primavesi.

[85] Bekanntmachung, in: IW Nr. 6 vom 12.05.1918.

Die erste Inszenierung der Theaterleitung wurde mit Spannung erwartet. Der Einakter-Zyklus *Die Befreiten* von Otto Erich Hartleben war offensichtlich ein Erfolg. Die neue Theaterleitung konnte auf viele bewährte Akteure des alten Theaters zurückgreifen (Willi Hennings spielte wieder eine Frauenrolle), besetzte jedoch einige Hauptrollen mit neuen Darstellern.

Eine vierseitige Sonderausgabe *Das Neue Theater* (undatiert und ohne Nennung des Herausgebers) erschien, um über die Situation des Theaters zu berichten. Die Besprechungen der neuen Inszenierungen waren durchweg positiv. Auch der Theaterkritiker „H.G." schrieb eine wohlwollende Kritik. Ohne Zweifel war die künstlerische Gestaltung der Programmhefte durch Paul von Kovacs besonders gelungen. Die weitere Entwicklung des neuen Theaters zu beurteilen, ist nicht möglich.

Abbildung 69: Theaterprogramm *Liebelei*, Grafik von Paul von Kovacs (Archives départementales du Finistère)

WELCHE GRÜNDE haben zum Rücktritt von G. W. Pabst, der so erfolgreich war, geführt?

In der Biografie von Hans-Michael Bock wird der Rücktritt nicht erwähnt. Die neue Theaterleitung beschreibt die vorgefundene Situation in der Sonderausgabe *Das Neue Theater* und liefert eine mögliche Erklärung: „Spielleiter, Bühnenmaler, Theaterschneider mit ihren Erfahrungen und ihrem Können hatten das scheinbar sinkende Schiff verlassen - und alles schien verloren! ... Dazu kam noch die äußere Belastung finanzieller Art. ... Besonders die noch in letzter Zeit vollzogene Anschaffung größerer Posten von Luxuspapieren, ohne Berücksichtigung der damals schon gehegten Austauschhoffnungen - oder der zum mindesten immer vorhandenen Möglichkeit einer Veränderung der Lagerverhältnisse - belasten die neue Geschäftsführung ganz erheblich. Ein Eigenverbrauch ist schlechterdings ausgeschlossen, und andere Wege zu einer gesunden Liquidierung dieser großen Vorräte bieten sich nicht. Dazu kommt noch der Fehlschlag einer auf falschen Voraussetzungen beruhenden Spekulation mit den Theatermappen, die sogar bei Herabsetzung des Preises weit unter dem Herstellungswert keinen Absatz finden konnten und deshalb ohne weiteres auf das Verlust-Konto zu setzen sind."[86]

G. W. Pabst, der bereits ab 31.3.1918 eine Reihe literarischer Abende veranstaltet hatte, beschränkte nunmehr seine Tätigkeit auf Vorträge von Balladen von Rilke, Miegel, Lulu von Strauß und Torney, Börries von Münchhausen und Ernst von Wildenbruch.

[86] Leitartikel des Sonderblattes *Das Neue Theater*, undatiert (Deutsches Historisches Museum).

EIN JAHR später, am 15. Mai 1919, wurde G. W. Pabst, wie auch die anderen Österreicher, vor den deutschen Internierten in die Freiheit entlassen.

Noch im selben Jahr erhielt er ein einjähriges Engagement am *Deutschen Theater* in Prag. 1920 wurde er Spielleiter und stellvertretender Direktor der avantgardistischen Neuen Wiener Bühne. Über die Theaterarbeit gelangte G. W. Pabst zum Film. Sein erstes Regie-Debüt mit *Der Schatz* fand in Berlin im Jahr 1922 statt. Das Drehbuch schrieb er gemeinsam mit Willi Hennings, dem alten Freund aus dem Internierungslager Île Longue. Sein erster großer Erfolg war der Stummfilm *Die freudlose Gasse* mit Asta Nielsen, Greta Garbo und Werner Krauß aus dem Jahr 1925.

Psychologische Probleme interessierten ihn offensichtlich auch nach der Lagerzeit. Er übernahm im Jahr 1925 die Regie für das psychoanalytische Kammerspiel *Geheimnisse einer Seele*. Fachliche Beratung erteilte ein Schüler Sigmund Freuds, Dr. Hanns Sachs. Pabst gab zu dem Film zusätzlich eine Begleitbroschüre heraus, in der Begriffe wie „Fehlhandlungen", „Neurosen" und „Traumdeutungen" erklärt wurden.

Mit seinen ersten Tonfilmen knüpfte er an seinen Wunsch von 1914 an, ein politisches Theater zu gründen. Der bekannte Antikriegsfilm *Westfront 1918* entstand 1930. Der Film *Kameradschaft* aus dem Jahr 1931 propagiert die Völkerverständigung zwischen Franzosen und Deutschen. Beide Filme trugen dazu bei, dass sein Ruf als politisch engagierter Regisseur wuchs. Diese Filme waren wahrscheinlich der Höhepunkt seiner Karriere. Der Film *Kameradschaft* wurde sogar zur Weltausstellung in Brüssel im Jahr 1958 von einer internationalen Kritiker-Jury unter die 30 besten Filme aller Zeiten gewählt.

Bis Ende der 50er Jahre war G. W. Pabst als Regisseur tätig.[87]

[87] Vgl. Hans-Michael Bock *Biografie*, S. 252 ff.

Deutsche Künstler

Zwei deutsche Künstler haben in der Lagerzeit viele Spuren hinterlassen: Leo Primavesi und Max Pretzfelder. Leo Primavesi galt unser besonderes Interesse, denn mit Carl Röthemeyer verband ihn eine Freundschaft, die über die Lagerzeit hinausging. Seine Bilder haben uns im Laufe unseres Lebens beschäftigt und für uns die Lagerzeit unseres Vaters über die Jahre hinweg wach gehalten. Den Künstler Max Pretzfelder hat Carl hingegen nicht mehr kennen gelernt. Er wäre sicher begeistert gewesen von Max Pretzfelders feiner Beobachtungsgabe, der klaren Linienführung und der humorvollen Darstellung kleiner, alltäglicher Szenen. Leo Primavesi wird Carl nach dem Krieg über die wichtigsten Ereignisse im Lager und sicherlich auch über Max Pretzfelder berichtet haben.

Woher sie kamen und wohin sie gingen

Sowohl Leo Primavesi als auch Max Pretzfelder hatten Kunstakademien besucht. Primavesi, der 17 Jahre älter war, in Antwerpen, Pretzfelder in München und Karlsruhe. Ihr Stil ist sehr unterschiedlich. In Leo Primavesis Werk finden sich stark emotionale und dramatische Elemente, er richtete den Blick nach innen. Max Pretzfelders Werke sind beschreibend und grafisch, sein Blick ist aus der Distanz, von außen.

Beide Künstler haben im Lager der Île Longue sowohl für die *Insel-Woche* als auch für das Theater gearbeitet. Leo Primavesi war zuständig für die Bühnendekoration des Lagertheaters. Max Pretzfelder hat für das Theater Programmhefte gestaltet. Beide haben beeindruckende Grafiken für die Kunstmappen hergestellt.

IHRE Lebenswege in den Nachkriegsjahren und während der Nazizeit sind sehr verschieden verlaufen. Max Pretzfelder, der aus einer jüdischen Familie stammte, wählte die Emigration in die Vereinigten Staaten, Leo Primavesi ist bewusst oder unbewusst den Weg der Anpassung gegangen.

Max Pretzfelder

Max Pretzfelder wurde am 7. März 1888 in Nürnberg geboren. Seine Eltern waren Julius und Fanny Pretzfelder, geb. Lauder. Der Beruf des Vaters wird mit Kaufmann angegeben, seine Konfession mit „freireligiös".

Abbildung 70: Max Pretzfelder, Selbstporträt aus der Zeit seiner Gefangenschaft (Deutsches Historisches Museum)

SEINE künstlerische Ausbildung begann er mit 18 Jahren an der Akademie der Bildenden Künste in München bei Prof. Peter von Halm. Er belegte dort das Kunstfach *Zeichnen*, anschließend ging er nach Karlsruhe zu Prof. Wilhelm Trübner, der zwischen 1903 und 1917 an der dortigen Kunstakademie unterrichtete.

In München lernte Max Pretzfelder Karl Wolfskehl kennen. Es enwickelte sich sehr bald eine langjährige, enge persönliche Beziehung zwischen den beiden Männern.[88] Sie tauschten sich über literarische und andere künstlerische Entwicklungen der Zeit aus. Über Karl Wolfskehl, der dem George-Kreis angehörte, hatte Max Pretzfelder Zugang zur Kunst- und Kulturszene. Sehr bald wurde er ein nachgefragter Künstler und bekam

[88] Die Informationen hierzu stammen aus einem umfangreichen Schriftwechsel zwischen Max Pretzfelder und Karl Wolfskehl (Deutsches Literaturarchiv Marbach).

Aufträge von verschiedenen Galerien und Kunstvereinen. Ab 1910 reiste er häufig. Die Städte Florenz, London, Straßburg, Berlin und Hamburg sind dokumentierte Reiseziele. 1914 fuhr er nach Paris, dem Treffpunkt junger Künstler.

Am 6. August 1914 wurde Max Pretzfelder dort verhaftet und zuerst ins Lager Lanvéoc gebracht. Er beantragte die Verlegung zum Lager Île Longue, da er sich in dem kleinen Lager Lanvéoc nicht wohl fühlte. Seine genaue Ankunftszeit auf der Île Longue ist in der Lagerkartei nicht vermerkt, wahrscheinlich wurde er im Dezember 1917 dorthin verlegt und in Baracke 26 untergebracht. Er teilte Karl Wolfskehl am 1. Januar 1918 mit: „Wie Du sehen wirst, bin ich nun doch endlich in das lange ersehnte neue Lager gekommen. Andere Dimensionen, andere Menschen: andere Möglichkeiten."[89]

Er wurde mit offenen Armen empfangen und war seinerseits gleich sehr aktiv. In ihrer Neujahrsausgabe 1917/1918 berichtete die *Insel-Woche*, dass ein in Deutschland „bekannter und geschätzter" Künstler vor kurzem aus dem Lager Lanvéoc eingetroffen sei. Max Pretzfelder fertigte sogleich Zeichnungen für die Titelseite der Ausgabe Nr. 39 vom 31. Dezember 1917 und für eine Zeitungsvignette an. Am 13. Januar 1918 bot er seine Radierungen, Lithografien und Holzschnitte aus dem Gefangenenleben an, die er im Lager Lanvéoc hergestellt hatte. Darunter war auch die Radierung *Explosionen über einer Stadt*, die er nach der Bombardierung von Karlsruhe durch die Franzosen im Jahr 1916 hergestellt hatte (siehe nächste Seite).

Er hielt einige Vorträge. In der *Insel-Woche* Nr. 4 vom 27. April 1918 wird darüber berichtet: „Am Freitag, den 19. April hielt Herr M. Pretzfelder vor Freunden der bildenden Kunst einen Vortrag über die Entwicklung

[89] Brief von Max Pretzfelder an Karl Wolfskehl vom 1.01.1918 (Deutsches Literaturarchiv Marbach).

Abbildung 71: Zeichnung Max Pretzfelder, Zeitungskopf, aus: IW Nr. 39 vom 31.12.1917 (Archives départementales du Finistère)

Abbildung 72: Max Pretzfelder, *Explosionen über einer Stadt*, aus: Kunstmape (Biblioteque nationale et universitaire de Strasbourg)

Diese Radierung entstand unter dem Eindruck des französischen Bombardements auf Karlsruhe am 22. Juni 1916. Eine Freundin von Max Pretzfelder wohnte zu der Zeit in Karlsruhe.

der Grafik. Die anregenden Ausführungen dürften auch manchen unserer Leser interessieren, weshalb wir in einer der nächsten Nummern darauf zurückkommen werden und gleichzeitig ein Bild über die in der Pretzfelder'schen Kunst zutage tretenden Richtlinien zu geben versuchen."

Für die Bücherei entwarf er die Grafik *Eule* (siehe Kapitel *Selbstorganisation und Verhandlungen*, Seite 50). Für das Theater gestaltete er Programmhefte (*Der Tor und der Tod*, *Erster Klasse* und *Die Medaille*).

Abbildung 73: Programm *Erster Klasse* und *Die Medaille* von Max Pretzfelder (Archives départementales du Finistère)

Er verfasste auch Texte und Gedichte. Eine anrührende Geschichte, illustriert mit einem Bild, befindet sich in einer Kunstmappe. Dieser Text zeigt, wie sehr sich die Gefangenen inzwischen ihrer Heimat entfremdet fühlten. *Das undurchdringliche Abenteuer* handelt von dem verstörenden Traum eines Gefangenen. Hinein versetzt in das „normale" Leben, in die Situation eines Gesellschaftsabends, überkommt ihn das unwohle Gefühl, als Fremder fehl am Platz zu sein. Erst zurück in seiner Baracke fühlt er sich „zu Hause".[90]

[90] Vgl. Max Pretzfelder *Das undurchdringliche Abenteuer*, Text mit Illustration, in: Kunstmappe (Bibliothèque nationale et universitaire de Strasbourg).

Er plante, zusammen mit Friedrich Hommel, ein monatliches Beiblatt zur *Insel-Woche* herauszugeben.[91] Es sollte eine Verbindung des geistigen Lebens in Deutschland mit dem Leben der Internierten auf der Île Longue herstellen. Aus diesem Grunde bat er Karl Wolfskehl um die Erlaubnis, Auszüge aus dessen Briefen für diese „einsame Presse" mit verwenden zu dürfen. Er fragte außerdem an, ob „Herr Rilke" für diese Idee gewonnen werden könnte.

[91] Max Pretzfelder kannte Friedrich Hommel bereits aus der Heimat und beschreibt ihn: „Dieser Herr Hommel ist ein sehr zarter und feiner Mensch, und hat nicht im Entferntesten die Allüren eines Geistlichen."

Diese Pläne ließen sich nicht realisieren, denn die Situation im Lager wurde immer schwieriger. Max Pretzfelder beklagte in seinem nächsten Brief an Karl Wolfskehl, dass die Internierten in den letzten 3 bis 4 Monaten so gut wie keine Post erhalten hätten und es kaum noch Kontakt zur Außenwelt gäbe.[92]

[92] Vgl. Briefe von Max Pretzfelder an Karl Wolfskehl vom 1.01.1918 und 1.05.1918 (Deutsches Literaturarchiv Marbach).

Ab Sommer 1918 gibt es fast keine Informationen über das Lagerleben. Zu den wenigen Zeugnissen aus dieser Zeit gehören die Kunstmappen.

Einige Werke von Max Pretzfelder befinden sich in

Abbildung 74: Max Pretzfelder, Grafik (Deutsches Historisches Museum)

diesen Mappen. Sie alle zeigen seine unverwechselbare Handschrift. Max Pretzfelder zeichnet mit leichter, eleganter Linienführung in einem zeittypischen, grafischen Stil.

Er verwendet Elemente der neuen Kunstrichtungen in Paris. Auf der Rückseite der beeindruckenden expressionistischen Darstellung einer verhärmten Frau mit einem toten Säugling und einem verhungernden Kind befinden sich drei Gedichte. Das Gedicht *Armut* ist Franz Werfel gewidmet und bezieht sich direkt auf diese Darstellung.

Eine Art Bilderfindung kann man besonders in den letzten kritischen Monaten im Lager feststellen, zum Beispiel bei der Darstellung eines Christuskopfes mit Stacheldrahtzaun als Dornenkrone.

Abbildung 75: Max Pretzfelder, Grafik aus: Kunstmappe (Bibliothèque nationale et universitaire de Strasbourg)

NACH seiner Heimkehr hatte Max Pretzfelder viele Pläne. Er berichtete Karl Wolfskehl von Aufträgen für Porträts in Nürnberg und einem Angebot als Theatermaler in Prag. Auch kündigte er einen baldigen Besuch in München an. Zuerst reiste er jedoch nach Prag zu G. W. Pabst, der dort am Deutschen Theater arbeitete und ihm ein befristetes Angebot gemacht hatte.

In dieser Zeit kam es zu einem Bruch zwischen Max Pretzfelder und Karl Wolfskehl. Max Pretzfelder änderte seine Pläne. Er fuhr anschliessend nicht nach München, sondern nach Berlin, wo seine Schwester Anna lebte. Dort traf er auch Willi Hennings.

Max Pretzfelder entschloss sich, in Berlin zu bleiben. Es stellte sich aber heraus, dass es schwierig war, genügend Aufträge zu bekommen. Deshalb schrieb er G. W. Pabst, der sich wieder auf dem Familiengut *Fünfturm* in der Steiermark aufhielt, und bat ihn um Unterstützung bei der Suche nach einer geeigneten Stelle entweder beim Theater oder beim Film.[93]

[93] Diese Informationen stammen aus einem Briefwechsel zwischen G. W. Pabst und Max Pretzfelder, in: Nachlass von G. W. Pabst (Deutsche Kinemathek).

MAX Pretzfelder fasste jedoch bald Fuß in Berlin und erhielt Aufträge. Einige seiner Werke wurden in *Das Graphische Jahr* von Fritz Gurlitt aufgeführt. 1921 nahm er an einer Ausstellung in Baden-Baden teil. Er fertigte Illustrationen in der Kulturzeitschrift *Der Querschnitt* an, die von dem Galeristen Alfred Flechtheim initiiert worden war. Er illustrierte 1922 das Buch von Joachim Ringelnatz *Janmaate, Topplastige Lieder*,[94] das im Verlag der Galerie Flechtheim erschien. Im selben Jahr illustrierte er das Buch *Morgensonne Abendland Schildereien* von Alexander Roda Roda, das im Wegweiser-Verlag GmbH, Berlin, erschien. Auch mit Übersetzungen verdiente er sich Geld. *Das Mädchen im Nebel*, ein Kriminalroman des amerikanischen Autors Josef Collomb, wurde übersetzt und das Deckblatt dazu gestaltet.

[94] Rudolf Grossmann zeichnete ein Portrait von Max Pretzfelder, das auf einer der ersten Seiten des Buches von Joachim Ringelnatz *Janmaate, Topplastige Lieder* abgebildet ist.

In den 20er Jahren reiste er mehrere Male nach Spanien zu seiner älteren Schwester Lilli und malte dort. In der Kunstzeitschrift ABC, Madrid, wird über eine Ausstellung Max Pretzfelders in Barcelona, *Paisages de Espana*, berichtet. Die Landschaftsbilder Max Pretzfelders werden hoch gelobt. Eine bestimmte Stilrichtung verfolgte er nicht. Jedoch seien die klaren Formen und Farben mit der außergewöhnlichen Lichtwirkung bemerkenswert. Er wird sogar verglichen mit dem bekannten spanischen Maler Joaquin Sorolla.[95]

Aus dem Jahr 1930 existiert in den Beständen einer Galerie in Berlin noch ein helles, freundliches Ölgemälde aus Spanien im Stil der Neuen Sachlichkeit, *Interieur*, mit Meeresblick aus der geöffneten Tür eines Hotelzimmers.

[95] Vgl. Mendez Casal, Artikel *Los Paisajes Espanoles del Pintor Alemán Max Pretzfelder*, in: ABC, Madrid, Sonderausgabe des Jahres 1923.

Im Jahr 1925 stellte G. W. Pabst[96] ihn als Kostümbildner für seine Filme an. In dem erfolgreichen Film *Die freudlose Gasse*, den G. W. Pabst in Berlin drehte, erhielt er sogar eine kleine Rolle. Anfang der 30er Jahre folgte er G. W. Pabst nach Frankreich, wo dieser inzwischen an der Produktion von Tonfilmen arbeitete. Als G. W. Pabst im Herbst des Jahres 1933 ein Angebot aus den USA erhielt, ging Max Pretzfelder mit ihm. In den Staaten jedoch wenig erfolgreich, kehrte G.W. Pabst 1936 nach Frankreich zurück.

[96] Die folgenden Informationen stammen aus dem Briefwechsel zwischen G. W. Pabst und Max Pretzfelder, in: Nachlass von G. W. Pabst (Deutsche Kinemathek).

Max Pretzfelder blieb in den Vereinigten Staaten, in Santa Monica. Er hatte wohl die Zeichen der Zeit verstanden. 1935 stellte er dort den Antrag auf Einbürgerung. In den 40er Jahren wirkte Max Pretzfelder noch in zwei Filmen als Kostüm- und Maskenbildner: 1943 bei Turner Classic Movies in *Hangmen don't die* und 1944 in *Summer Storm* unter der Regie von Douglas Sirk.

Der Kontakt zwischen Max Pretzfelder und G. W.

Pabst war während des Zweiten Weltkriegs unterbrochen. Im Jahr 1946 versuchte G.W. Pabst jedoch, die Verbindung zu Max Pretzfelder wieder herzustellen, weil er in Österreich und Deutschland kaum Perspektiven für seine künstlerische Arbeit sah. Er hatte vor, sich in den USA eine Existenz aufzubauen und unterbreitete Max Pretzfelder sehr unterschiedliche Pläne dafür.[97]

In den sechs als Kopie vorliegenden Briefen von G. W. Pabst geht es vor allem um die Frage, wie dieses Vorhaben realisiert werden könnte. Max Pretzfelder bemühte sich, ihm zu helfen, aber das Vorhaben scheiterte, da die USA wegen der „Gerüchte" - vermutlich über seine Zusammenarbeit mit den Nazis - keine Einreiseerlaubnis erteilen wollten.

[97] In seinem Brief vom 3.01.1946 schildert G. W. Pabst, wie sehr er sich bemüht hatte, die Adresse von Max Pretzfelder herauszufinden: Mit einer Lupe hatte er eine Postkarte untersucht, auf der ein „kleiner mexikanischer Laden" in Santa Monica abgebildet war.

EINIGE Informationen über die Lebenssituation von Max Pretzfelder sind aus diesen Briefen ersichtlich. Er lebte zu der Zeit immer noch in Santa Monica. Seine Schwester Anna, zu der er ein besonders gutes Verhältnis hatte, wohnte inzwischen in seiner Nähe. Sie betrieb zusammen mit einer Frau Caroly ein kleines Antiquitäten-Geschäft, *Caroly-Antiques*, und kümmerte sich um ihren Bruder.

VON DER Korrespondenz aus der Nachkriegszeit hat G. W. Pabst nur einen Brief von Max Pretzfelder aufbewahrt Er ist mit der Schreibmaschine und auf Englisch geschrieben. Am Schluss schreibt Max Pretzfelder:[98]

„This year has not been good for me, the shortage of gas und water pipes has prevented me from finishing the house and meanwhile prices have dropped considerably. I do wish that the new year should bring more happiness to all of us. With love yours Max"

Dies ist das letzte Lebenszeichen, das wir von ihm haben. Er verstarb am 9. Juni 1950 im Alter von 62 Jahren.

[98] Brief von Max Pretzfelder an G. W. Pabst vom 9.12.1946, Santa Monica, Kalifornien 207, 18th Street, in: Nachlass von G.W. Pabst (Deutsche Kinemathek).

Leo Primavesi

Abbildung 76: Leo Primavesi, Selbstporträt aus der Zeit der Gefangenschaft, aus: Theatermappe (Eigentum LETTER Stiftung Köln)

Leo Primavesi wurde am 25. März 1871 als Sohn von Joseph Primavesi und Marie Arns in Köln geboren. Die Eltern förderten sein Talent. Leo Primavesi erhielt Unterricht bei dem im rheinisch-westfälischen Raum bekannten Christian Heyden, der Porträts für Adelsfamilien malte.

Am 10. Juli 1890 meldete sein Vater ihn in der Großherzoglich Sächsischen Hochschule für bildende Kunst in Weimar bei Prof. Arnold an. Leo Primavesi schickte seine Zeichenmappe und wurde angenommen. Doch seine Reise nach Weimar verzögerte sich wegen Krankheit und wurde dann wegen seines schlechten Gesundheitszustands im Winter abgesagt. Die Mappe wurde zurück geschickt. So viel ist durch die Unterlagen des Archivs in Weimar bekannt.

Mit großer Wahrscheinlichkeit belegte Leo Primavesi später Kurse bei der renommierten Kunstakademie in Antwerpen, wo bereits sein Kunstlehrer in Köln, Christian Heyden, studiert hatte.

In den 90er Jahren unternahm er eine Italien-Reise; von dort brachte er eine Studien-Mappe mit. 1901 tauchen seine Spuren wieder in Antwerpen auf. 1906 beschrieb er im Antwerpener Bull. du bur. ein außersinnliches Erlebnis.[99] 1908 erschien in Antwerpen ein von ihm illustriertes Kinderbuch. Er heiratete Marguerite Dursin aus Brüssel und lebte mir ihr wahrscheinlich in der Nähe von Antwerpen. In der Lagerkartei ist als Wohnort Coyghem, nahe von Cortai, angegeben.

[99] Vgl. Leo Primavesi, Bericht, in: Antwerpener Bull. du bur. d'èdude des phén. Spir., 1906; aus: E. Mattiesen *Der jenseitige Mensch*, Eine Einführung in die Metapsychologie der mystischen Erfahrung, Bln., de Gruyter, 1925.

Am 5. August 1914 wurde Leo Primavesi in Antwerpen verhaftet. Zuerst kam er zum Lager Dinan; am 28. März 1915 wurde er zur Île Longue verlegt. Zu der Zeit waren die Bauarbeiten für das Lager weitgehend abgeschlossen

Abbildung 77: Zeitungskopf IW Nr. 17 vom 17.10.1915 (Archives départementales du Finistère)

und die Internierten fingen an, sich zu organisieren.

Leo Primavesi nahm sehr bald Kontakt zu den Internierten auf, die an der Lagerzeitung arbeiteten. Wahrscheinlich fertigte er bereits in den Anfängen für die „1. Folge" der *Insel-Woche* einige kleinere Zeichnungen an. Im Herbst gestaltete er die erste Titelseite der Lagerzeitung.

Für Leo Primavesi begann im Jahr 1917 eine besonders aktive Phase. Nachdem den Internierten die Genehmigungen für das Theater und für die Lagerzeitung erteilt worden waren, gab es für einen Künstler mit seinen Fähigkeiten viel Arbeit. Er war deshalb sowohl für die *Insel-Woche* als auch für das neu gegründete Theater tätig.

G. W. Pabst verpflichtete ihn als Bühnenbildner. Leo Primavesi hat in dieser Zeit Außerordentliches geleistet. Sein Werk wurde im Lager anerkannt und von der *Insel-Woche* gewürdigt. Der Theaterkritiker der *Insel-Woche* lobte insbesondere das Bühnenbild für das Stück *Die versunkene Glocke* von Gerhart Hauptmann:

„In der Bühnengestaltung hat Herr Primavesi sein starkes schöpferisches Können gezeigt und den Kampf gegen das widerspenstige Material siegreich bestanden.

Abbildung 78: *Eine Szene aus „Die Versunkene Glocke"*, Zeichnung von Leo Primavesi, Farbdruck, aus: Theatermappe (Eigentum LETTER Stiftung Köln)

Jeder Szenenwechsel war ein Staunen, ein neues Bewundern des bis ins Kleinste naturgetreu und stimmungsvoll durchgeführten Bühnenaufbaus. Es ist Herrn Primavesi gelungen, uns ins Märchenland zu entführen. H.G."[100]

[100] Artikel *Schauspiele*, in: IW Nr. 13 vom 1.07.1917.

FÜR die Ausstellung Handwerk und Kunst, HAKU genannt, die im Herbst 1917 stattfand, wurde Leo Primavesi umfangreich tätig. Er stellte ein Gedenkblatt im Zweifarbendruck her und stiftete den Erlös. Er bereitete eine Sonderausstellung mit seinen Arbeiten vor. Seine Werke wurden in der *Insel-Woche* gewürdigt: „Ganz aus dem Rahmen der Ausstellung im allgemeinen fiel das interessante Kabinett der Arbeiten unseres bildenden

Abbildung 79: Titelbild von Leo Primavesi, Weihnachtsausgabe der IW Nr. 38 vom 23.12.1917 (Archives départementales du Finistère)

Künstlers Primavesi." Der Autor deutete jedoch kritisch an, dass bei seinen Werken eine Weiterentwicklung nicht erkennbar sei und erklärte dies mit den schwierigen Lebensverhältnissen in der Gefangenschaft: „Im übrigen dürfen wir niemals vergessen, dass - bildlich gesprochen – der Stacheldraht um unser Hirn sich schmerzhaft schließt, was den in dieser Beziehung viel empfindlicheren Künstler nahe zum Stillstand seines Schaffens zwingen muß."[101]

[101] Artikel *Ein Gang durch unsere Ausstellung*, in: IW Nr. 27 vom 7.10.1917.

FÜR die „2. Folge" der *Insel-Woche* gestaltete Leo Primavesi die Titelseite:[102] Eine stürmische Herbstlandschaft mit einem Gedicht „An den Tod" (von dem Mitinternierten R. Lehnhoff), passend zum Totensonntag. Die Weihnachtsausgabe der Lagerzeitung zeigt seine Grafik mit einem Engel, dazu die sehnsuchtsvolle Strophe aus dem Gedicht „Mondnacht" von Joseph von Eichendorff: „Und meine Seele spannte weit ihre Flügel aus. Flog durch die stillen Lande als flöge sie nach Haus." Im folgenden Jahr fertigte er Zeichnungen für drei weitere Titelseiten der *Insel-Woche* an.[103]

[102] Siehe Kapitel *Sprachrohr - Lagerzeitung, S. 64*.

[103] IW Nr. 40 vom 6.01.1918, Nr. 2 vom 14.04.1918 und Nr. 3 vom 21.04.1918.

In der Kunstmappe aus dem Besitz von G. W. Pabst befinden sich auch Werke von Leo Primavesi. Beeindruckend ist die Grafik mit einem rasenden Ross über einem Feld, bedeckt mit Totenschädeln. Die Bilder *Albtraum Drache* und *Albtraum Riese*, die meine Schwester kürzlich erworben hat, zeugen von seinen Gegenwarts- und Zukunftsängsten.

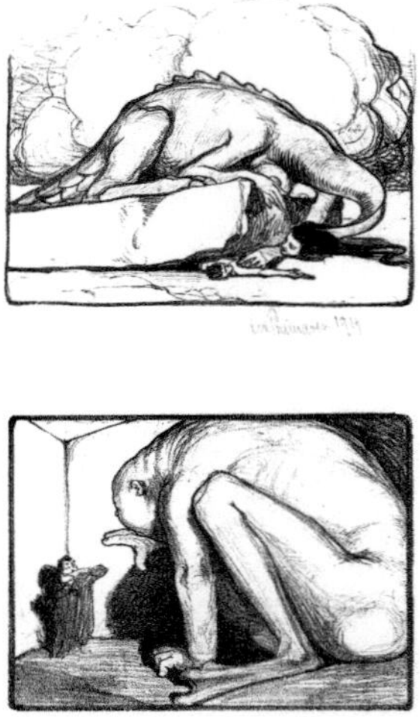

Abbildung 80: *Albtraum Drache* und *Albtraum Riese*, Leo Primavesi (Vorder- und Rückseite eines Blattes)

Die Werke von Leo Primavesi sind gekennzeichnet durch eine konservative Formensprache mit starkem Einfluss des belgischen *Symbolismus*, der um die Jahrhundertwende seine Blütezeit hatte. Diese Bildsprache ist während der Lagerzeit sein Markenzeichen. Viele dramatische Bilder entstehen - so emotional, dass man sie fast theatralisch nennen könnte. Die Arbeit als Bühnenbildner hat sein Werk wahrscheinlich beeinflusst. Dass im *Symbolismus* die Grenzen zwischen Realität und Traum aufgehoben werden, entsprach zudem seinem Wesen. Die enge Verbindung des belgischen *Symbolismus* mit der Mythologie und der Literatur wird in seinen Darstellungen in der *Insel-Woche* sichtbar. Gleichzeitig abgedruckte Gedichtverse verstärken die emotionale Wirkung seiner Bilder.

Leo Primavesi wurde wie die meisten deutschen Gefangenen erst am 20. Oktober 1919 aus dem Lager Île Longue entlassen.

Schon Anfang 1920 trafen sich Carl Röthemeyer und Leo Primavesi wieder. Zwei Bilder aus dem Jahr 1920, die sich in unserem Besitz befinden, belegen dies: Ein Ölgemälde, ein düsteres Waldstück mit einem gefällten Baum, und eine Federzeichnung, tanzende Faunen mit einer Nymphe, ein typisches Motiv der Kunstrichtung *Symbolismus* in dieser Zeit. Die Federzeichnung war ein Geburtstagsgeschenk für Carl.

Abbildung 81: Federzeichnung *Nymphe mit Faunen*, Leo Primavesi

Leo Primavesi hatte sie mit einer Widmung versehen: „Leo Primavesi, s/l Carl Röthemeyer, z. Geburtstage 30/04/1920".

ÜBER das Leben von Leo Primavesi, seine berufliche Ausbildung, seine Fähigkeiten und sein Wesen hat Carl mehr erfahren als wir ein Jahrhundert später. Die Informationen, die wir in den letzten Jahren gesammelt haben, sind eher spärlich. Verschiedene im Internet angebotene Bilder und ein Text in der Zeitschrift *Die Kunstschule* ziehen eine Spur über die Jahre 1920 bis 1937.

Aus dem Jahr 1920 stammt ein Bild von Leo Primavesi, das vor einem Jahr auf einer Auktion in Deutschland versteigert wurde. Es handelt sich um ein Ölgemälde *Aufziehendes Unheil*, eine dramatische Wolkenlandschaft mit einer schicksalhaft eingreifenden Hand.

In den ersten Jahren malte er weiterhin im Stil des *Symbolismus*, später zunehmend realistisch. Einige der Werke kommen aus Belgien. Die meisten sind jedoch in Köln entstanden, wo er nach dem Krieg gelebt hat. Er schuf Porträts, Stadtansichten von Köln und Landschaftsbilder. Von 1931 stammt ein Exlibris, das vor kurzem bei eBay angeboten wurde: ein männlicher Akt mit Fackel, ähnlich einem Fackelträger für die *Olympischen Spiele*, der an den Körperkult der 30er Jahre erinnert und eine starke homoerotische Ausstrahlung hat. 1936 beteiligte sich Leo Primavesi an einem Projekt *Eifel und Kunst* des NS-Gemeinschaftswerks *Kunst und Künstler* in Mayen. Otto Klein[104] erwähnt ihn in seinem Aufsatz über die Ausstellung der Werke, die während des Projektes enstanden sind: „... mit einem feinen Empfinden für malerische Tonstufen malte dagegen der Kölner Leo Primavesi eine alte Steinwinde."

104 Otto Klein, Aufsatz *Der neue Weg der Kunst zum Volk*, zur Ausstellung des NS.-Gemeinschaftswerks *Kunst und Künstler* in Mayen, aus: Dokumenation über *Eifel und Kunst* - ein Projekt aus dem Jahr 1936.

Zu diesem Zeitpunkt war Köln sein Wohnort. Nachforschungen im Stadtarchiv Köln waren wegen des Einsturzes des Archivs bisher erfolglos.

Ein Ölgemälde von Leo Primavesi haben wir 2013 bei einem Händler in Brüssel ersteigert. Ein ruhiges Werk mit einem nachdenklichen Blick zum Flussufer hinab, *Schnee*, datiert 1937. Leo Primavesi war zu dem Zeitpunkt 66 Jahre alt.

Begegnungen

Die zahlreichen Aktivitäten der Internierten, wie die Herausgabe einer Zeitung, die Gründung eines Theaters und eines Orchesters sowie die künstlerischen und handwerklichen Tätigkeiten, vermitteln bereits einen Eindruck von der allgemeinen Situation im Lager. Ein detaillierteres Bild entsteht durch die Beschreibung persönlicher Erlebnisse.

Von Hermann von Boetticher liegt uns eine ausführliche Beschreibung seines Lebens im Lager vor, in der er insbesondere auf die zwischenmenschlichen Beziehungen eingeht. Sein ausdrucksstarker Erlebnisbericht gibt eine lebendige Vorstellung von der Situation im Lager.

Carl Röthemeyer hingegen hat keinen Bericht hinterlassen und die spärliche Quellenlage liefert kaum persönliche Informationen. Die Betrachtung seines Umfeldes ermöglicht es vielleicht dennoch, eine Vorstellung von seinem Leben im Lager zu bekommen.

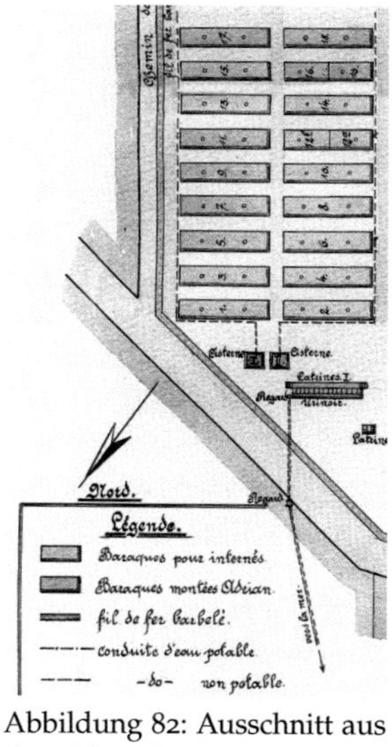

Abbildung 82: Ausschnitt aus dem Plan des Internierungslagers Île Longue (Archives départementales du Finistère)

Der zuerst erbaute Teil des Lagers mit den Baracken 1 - 18. Die Baracke 13, in der Carl untergebracht war, ist in der linken Spalte die 3. Baracke von oben.

Carl Röthemeyer

In dem zuerst erbauten Barackenviertel mit den Baracken 1 bis 18 war im Herbst 1914 ein großer Teil der Gefangenen der *Nieuw Amsterdam* untergebracht worden. Es war ein Viertel mit vielen Aktivitäten: Die Redaktion und die Anzeigen-Annahme der *Insel-Woche* befanden sich in Baracke 11, eine Verkaufsstelle für Abo-Konzerte in Baracke 9, ein Wein-Verkauf in Baracke 11, ein Grammophone-Verleih in Baracke 8.

Carl lebte, wie wir von der Postkarte seines Bruders wissen, in Baracke 13. Auch dort herrschte geschäftliches Treiben. Für Carl war dies unter den gegebenen Umständen wohl eine relativ passable Umgebung. Er rauchte gern Zigarren - Tabakwaren aller Art wurden in seiner Baracke angeboten. Er hatte ein Faible für Uhren - ein Uhrmacher verkaufte und reparierte dort Uhren. Er interessierte sich für Fremdsprachen - es gab eine kleine Bücherstube, die Werke in Deutsch und anderen Sprachen anbot.

Abbildung 83: Illustration und Artikel *Der Zeitungsmarder*, in: IW Nr. 16 vom 22.07.1917 (Archives départementales du Finistère)

Es kamen auch Internierte, die sich keine Zeitung leisten konnten, in der Hoffnung, „abgelegte" Exemplare zu ergattern. Diese Personen wurden als „Zeitungsmarder" bezeichnet.

TREFFPUNKTE waren Cafes und Bars, die an verschiedenen Ecken des Lagers enstanden. Im Frühjahr 1917 wurde von Internierten in der Baracke 14 das *Sport-Cafe* eröffnet. Hier wurden vor allem Tageszeitungen gelesen und Neuigkeiten ausgetauscht.

Für Carl bot sich die Gelegenheit, im *Sport-Cafe* Leute zu treffen und sich mit seinen Freunden zu unterhalten. Neben den Berichten in der Presse über das Kriegsgeschehen wurden natürlich auch die Artikel der Lagerzeitung diskutiert.

Das Thema „Kolonien" wurde von der Lagerzeitung mehrere Male aufgegriffen. Carl interessierte sich für ferne Länder und andere Kulturen. Am liebsten hätte er die Kolonien alle bereist. Viele Jahre später fuhr er unter anderem auch deswegen wieder nach Frankreich. In Paris, im Bois de Vincennes, fand eine spektakuläre Kolonial-Ausstellung statt.

Die Frage „Haben wir Zivilinternierten einen Anspruch auf Entschädigung?" wurde in der *Insel-Woche* in zwei Artikeln der Reihe *Aktuelles aus dem öffentlichen Recht* behandelt. Carl hatte das Ausschiffungspapier von der *Niew Amsterdam* aufgehoben. Er war wie viele andere Internierte der Meinung, dass ihm eine Entschädigung zustünde. Insbesondere die Gefangenen von der *Nieuw Amsterdam* glaubten, dass sie ein Anrecht darauf hätten, weil ein Schiff von der französischen Marine aufgebracht worden war, das von einem neutralen Land aus in ein anderes neutrales Land unterwegs war.

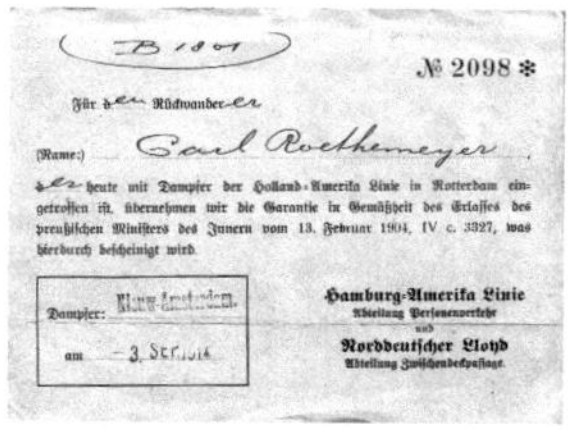

B 1801

№ 2098 ✻

Für den Rückwanderer

(Name:) Carl Roethemeyer,

der heute mit Dampfer der Holland-Amerika Linie in Rotterdam eingetroffen ist, übernehmen wir die Garantie in Gemäßheit des Erlasses des preußischen Ministers des Innern vom 13. Februar 1904, IV c. 3327, was hierdurch bescheinigt wird.

Dampfer: Nieuw-Amsterdam.

am – 3. SEP. 1914

Hamburg-Amerika Linie
Abteilung Personenverkehr
und
Norddeutscher Lloyd
Abteilung Zwischendeckpassage.

Abbildung 84: Ausschiffungspapier der Hamburg-Amerika Linie, Carl Röthemeyer, 3.09.1914

Die häufigen Austauschgerüchte und -meldungen waren Anlaß zu vielen Diskussionen. Hoffnungen wurden geweckt und wieder zerstört. Carl konnte sein Leben im Lager schwer ertragen und erwog daher, sich für eine Arbeit außerhalb des Lagers zu melden. In Frankreich fehlten inzwischen Arbeitskräfte in fast allen Bereichen. Für einen Kaufmann ohne handwerkliche Ausbildung gab es nur die Möglichkeit, in der Landwirtschaft zu arbeiten. Die Vor- und Nachteile wurden erwogen, die bereits auf dem Lande arbeitenden Internierten befragt. Die Auskünfte fielen unterschiedlich aus, eine Garantie für eine wirkliche Verbesserung gab es nicht.

Das Leben nach dem Lager war ein Thema, das allen große Sorgen bereitete. Carl hatte nur eine kaufmännische Lehre und seine Wanderjahre in den USA vorzuweisen. Womöglich hat ihm eine Bekanntschaft aus der Lagerzeit - unter den Internierten gab es viele einflussreiche und vermögende Kaufleute - später den Weg geebnet. Carl hatte das Glück, gleich zu Anfang der 20er Jahre eine Anstellung bei der renommierten Firma *Kaffee HAG AG* in Bremen zu bekommen. Diese Firma war in der Vorkriegszeit bereits eine sehr innovative Firma, die international tätig war. Sie gehörte zu den Pionieren hinsichtlich des Einsatzes von grafisch einheitlichen Werbemaßnahmen, wie sie in den USA entwickelt wurden. Schon zu Stummfilmzeiten wurde *Kaffee HAG* als erster Kaffee in Deutschland im Kino beworben. Ihr Gründer, Ludwig Roselius, ein Kunstmäzen, plante die

Böttcherstraße in Bremen und prägte sie durch den Bau des Paula-Becker-Modersohn-Hauses.

Nach dem Krieg, als die Firma ihre Produktion wieder aufnehmen konnte, gehörte Carl zu den ersten Leuten, die eingestellt wurden. Es ist also gut vorstellbar, dass er im Lager - vielleicht sogar im *Sport-Cafe* - die Bekanntschaft eines Kaufmanns aus der Kaffee-Branche oder von der *Kaffee HAG AG* gemacht hatte, der ihm später diese Stelle vermittelte.

Christian Barth wohnte in Baracke 39. Er war ein begeisterter Sportler und spielte sowohl in der Fußball- als auch in der Hockey-Mannschaft mit. Auf dem Weg zum Sportplatz kam er häufig an Carls Baracke und dem „Sport-Cafe" vorbei. Er war ein besonders optimistischer und kontaktfreudiger Mann, der mit vielen Leuten ins Gespräch kam. Auch er war Kaufmann und hatte, ebenso wie Carl, besondere Freude an den gereimten humorvollen Chroniken und Berichten von Edmund Kowalski. Ich kann mir gut vorstellen, dass sich die beiden über diese Verse zusammen amüsiert haben - und wir haben mit seiner Tochter Margret 99 Jahre später in der Bretagne vergnügliche Stunden verlebt.

Abbildung 85: Der Sportplatz, das tägliche Ziel von Christian Barth (Archives départementales du Finistère)

Christian Barth aus Lauf war zur Zeit des Kriegsausbruchs in Madrid bei einer Tochterfirma der *Siemens-Schuckertwerke* beschäftigt. Im Februar 1915 entschloss er sich, in die Heimat zu fahren, um sie zu verteidigen. Er schiffte sich nach Italien ein, der Landweg über Frankreich war für ihn nicht passierbar, Frankreich war „Feindesland". Bei Sardinien wurde er auf dem Schiff *Principessa Isabella* gefangen genommen. Zuerst kam er in die Lager Gafsa und Porto Farina in Tunesien, danach zum Lager Uzès.

Am 22. August 1916 wurde er zur Île Longue verlegt. Während seiner Gefangenschaft schrieb Christian Barth seinen Eltern viele Briefe, die seine Tochter Margret Ullherr über all die Jahre aufbewahrt hat:

„Liebe Eltern! Euren l. Brief vom 3.12. habe ich mit vielem Dank erhalten. Ebenso die Pakete No. 69 und 70, die wie überhaupt alle Pakete, in tadellosem Zustande angekommen sind. Was die Würste anbelangt, so möchte ich Euch bitten, mir am besten keine mehr zu schicken, da Ihr sie wohl nötiger gebrauchen könnt. Also schickt keine Wurst- und Fleischwaren mehr. Ich kann mir ja derartige Sachen hier kaufen. Ihr braucht, da Ihr ja so viele Pakete sendet, mir jetzt nur noch 30 (dreißig) Frs. zu senden (monatlich). Ich komme ganz gut damit aus. Schickt nur regelmässig Backsteinkäse[105] und Zucker. Kaffee habe ich jetzt auch für einige Zeit genug. Gesund bin ich, Gott sei Dank, bis jetzt immer noch, nur bin ich, trotzdem ich gut esse, ziemlich mager. Aber ich fühle mich dabei ganz wohl. Hoffentlich seid auch Ihr noch gesund! Ich bin hier seit meiner Gefangenschaft im besten Lager. Wir haben hier am meisten Bewegungsfreiheit. Natürlich nur innerhalb des Lagers. Aber wir haben einen Sportplatz, wo wir spazieren gehen können und spielen können."[106]

In den Unterlagen, die Christian Barth mit nach Hause brachte, befand sich eine 6-seitige gereimte Chronik über das Lagerleben eines Autors „Reuter",[107] der auch für die Reihe *Humor aus dem Lagerleben* in der *Insel-Woche* verschiedene Beiträge schrieb. Von dieser Chronik wurden nur wenige Ausschnitte gedruckt. Das Hauptthema dieses langen Textes, die Lagerkrankheit *Stacheldrahtpsychose* mit ihren Auswirkungen auf die Internierten, das sich wie ein roter Faden durch den Text zieht, war wegen der Zensur für eine Veröffentlichung im Lager weniger geeignet.

Die Tochter von Christian Barth berichtete, dass er sich nach seiner Entlassung - also ohne die Zwänge der

[105] Christian Barth liebte Limburger Käse, der wegen seiner Ziegelstein-Form auch „Backsteinkäse" genannt wurde.

[106] Christian Barth, Teil seines Briefes an seine Eltern, 1.01.1917 (Privatbesitz).

[107] Es handelt sich hierbei wahrscheinlich um Ernst Ignaz Max Reuter, den Christian Barth bereits im Lager Uzès kennengelernt hatte. Beide waren zur gleichen Zeit zur Île Longue verlegt worden.

Zensur - nur positiv über die Lagerzeit geäußert hätte. Er habe es immer vermieden, von einem Gefangenenlager zu sprechen, er verwendete statt dessen die Begriffe „Île Longue“ oder „meine Insel“. Niemals sonst wäre er mit so vielen intelligenten Leuten zusammen gewesen.

WILLI HENNINGS war einer von Carls Mitbewohnern in Baracke 13. Auch er war auf der *Nieuw Amsterdam* festgenommen und zusammen mit Carl sowie Hermann von Boetticher im Fort Crozon eingesperrt worden. Hermann von Boetticher fiel er bereits dort auf:

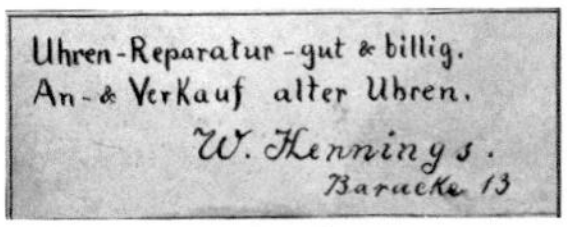

Abbildung 86: Anzeige von W. Hennings, *Uhren-Reparatur*, aus: IW Nr. 15 vom 3.10.1915 (Archives départementales du Finistère)

„An die kalkige kühle Wand gelehnt, sitzt ein junger stiller Mensch. Es ist ein Uhrmacher aus Berlin, der in Guatemala das Glück des Lebens gesucht. Eine ruhige Harmonie spricht von seiner blassen feinen Stirn; er hat in der Hand ein kleines Buch und liest. Auf dem Rücken des Buches von weichem roten Leder steht: Tolstoi, *Auferstehung*.“[108]

[108] Hermann von Boetticher, *Erlebnisse aus Freiheit und Gefangenschaft*, S. 84.

Der Vater von Willi Hennings stammte aus Dänemark und war dort „Königlicher Hofuhrmacher“. Auch Willi Hennings hatte offensichtlich dieses Metier gelernt. Er war ein sehr vielseitiger Mensch. Er reparierte nicht nur Uhren, er verfasste auch Texte für die Zeitung. Sein Gedicht *Abendstunde* ist Bestandteil der Kunstmappen. Für die Theatermappe[109] schrieb er eine ausführliche Einleitung, in der die Arbeit von G. W. Pabst gewürdigt wird. Willi Hennings war auch an der Theaterarbeit interessiert, er übernahm Frauenrollen und gehörte später zur Kerntruppe des Theaters.

[109] Willi Hennings und G. W. Pabst verband eine Freundschaft, die über das Lagerleben hinausging. 1922 arbeiteten beide zusammen an dem Drehbuch für einen Film in Berlin. Bald darauf waren sie sogar familiär verbunden, G. W. Pabst heiratete 1924 Gertrude Hennings, Willi Hennings' Schwester.

Mit Willi Hennings hatte Carl das Interesse an Uhren gemeinsam. Neben Fachgesprächen zu Uhren werden das Theater und die Schauspielerei weitere Gesprächsthemen gewesen sein. Vielleicht hat er Carls Interesse für die Schauspielerei wecken können. So hat mich als Kind eine Fähigkeit meines Vaters verwundert,

Abbildung 87: Internierte im Gespräch mit einem französischen Adjutanten (Marine Nationale : archives Ile Longue)

Viele Internierte verfügten bereits bei ihrer Ankunft über Französisch-Kenntnisse und waren in der Lage, sich mit den Franzosen zu verständigen. Einige von ihnen boten Französisch-Unterricht an, da das Interesse an diesen Sprachkursen groß war.

die ganz und gar nicht zu ihm passte. Er zeigte mir, wie man mit Bällen jongliert, machte dazu einige Faxen wie ein Clown und pfiff dabei lustig vor sich hin.

Leo Primavesi knüpfte nach seiner Ankunft Kontakte zu den Initiatoren der Lagerzeitung, insbesondere zu Edmund Kowalski und Hans Sehmisch. Bald darauf gehörte auch er zum Freundeskreis der *Insel-Woche*.

Carl und Leo Primavesi werden sich dort häufiger begegnet sein. Nähere Bekanntschaft machten die beiden wahrscheinlich beim Sprachunterricht. Carl sprach zwar fließend Englisch, weil er sich über zwei Jahre in den USA aufgehalten hatte; seine französischen Sprachkenntnisse aus der Schulzeit waren jedoch recht spärlich. Sie reichten nicht aus, um die Berichte in den französischen Zeitungen zu verstehen, die in den ersten Jahren die einzige Informationsquelle der Internierten waren. Er

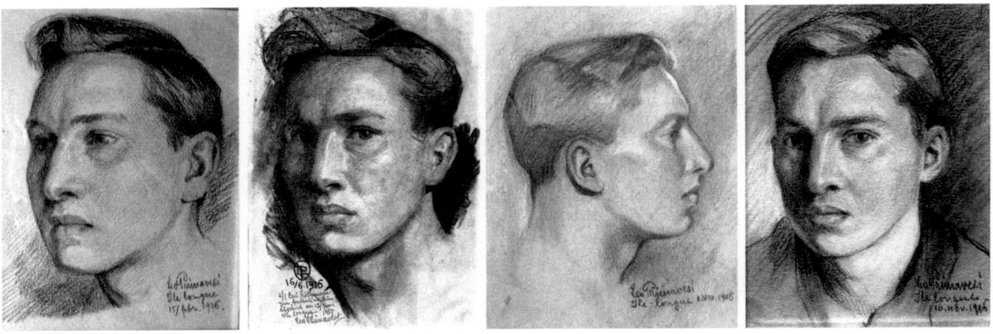

Abbildung 88: Carl Röthemeyer, Porträts von Leo Primavesi vom 15.02., 16.06., 1.08. und 10.11.1916

bedauerte sicherlich, dass er sich nicht richtig mit den Franzosen unterhalten konnte.[110]

Deshalb entschloss er sich, sein Französisch zu verbessern. Leo Primavesi bot 1915 Italienisch- und Französisch-Kurse in Baracke 25 an. Carl belegte einen Französisch-Kurs und berichtete seinem Bruder Herbert davon. Anfang Februar 1916 erkundigte sich Herbert in seiner Postkarte nach Carls „studies". Carl konnte seinem Bruder Fortschritte melden. Der Französisch-Unterricht war erfolgreich. Bald war er in der Lage, sich mit den Franzosen zu verständigen.

Carls Sprachstudien waren sogar so erfolgreich, dass er im Jahr 1958 seinen belgischen Schwiegersohn bei dessen Antrittsbesuch überraschte: In gutem Französisch trug er Fabeln von La Fontaine auswendig vor.

IM Laufe des Jahres zeichnete Leo Primavesi mehrere Porträts von Carl. Das erste entstand im Februar 1916. Auf dem letzten Porträt vom 11. November 1916 kann man erkennen, dass Carl Arbeitskleidung trägt. Sein Ausdruck ist ernst, sein Blick besonders verschlossen.

Leo Primavesi hat in diesem Zeitraum feinfühlig einen sich verändernden Menschen dargestellt.

[110] Kontakte ergaben sich unter anderem zum Wachpersonal. Ab 1916 waren das die *surveillants*. Dies waren Männer, die wegen ihres Alters nicht mehr eingezogen wurden. Sie hatten Zeit für Gespräche, manchmal machten sie auch kleine Geschäfte mit den Internierten. Diese gaben ihnen Spitznamen, zum Beispiel *Weihnachtsmann* oder *Mistigel*. (Vgl. Bericht von Hellmut Felle.)

Hermann von Boetticher

Abbildung 89: Fotoporträt von Hermann von Boetticher, 1887 - 1941, (Deutsches Literaturarchiv Marbach)

Carl kannte Hermann von Boetticher von der Überfahrt auf der *Nieuw Amsterdam* und dem Aufenthalt im Fort Crozon. Aus der Lagerzeit sind keine direkten Kontakte zwischen den beiden Männern überliefert. Hermann von Boetticher ist dennoch ein bedeutender Weggefährte in der Zeit der Gefangenschaft:

Textausschnitte seines Berichtes *Erlebnisse aus Freiheit und Gefangenschaft*, den er kurz nach der Gefangenschaft geschrieben hat und der bereits 1919 veröffentlicht wurde, beschreiben in diesem Buch die Situation von Carl und anderen Gefangenen im Lager. Der Erlebnisbericht von Hermann von Boetticher hat damit eine Art „Stellvertreter"-Funktion, da wir von Carl einen solchen Bericht nicht vorliegen haben.

Abbildung 90: Internierte vor Baracke Nr. 6 (Archives départementales du Finistère)

ALS Hermann von Boetticher im Oktober 1914 das Übergangsquartier *Charles Martel* verließ, um mit anderen Gefangenen am Aufbau der Baracken mitzuarbeiten, wurde er zusammen mit anderen Arbeitern in Baracke 5 untergebracht. Die befand sich in dem Barackenviertel, in dem auch Carl später untergebracht wurde. In Baracke 5 war Hermann von Boetticher in der Gesellschaft von rauhen und wilden Gesellen.

In seinem Buch beschreibt er verstörende Begegnungen: Mit Gefangenen, die die Isolation nicht verkraften konnten, von einem, der sich voller Verzweiflung ins Meer stürzte, von rücksichtslosen Lagergefährten, die sich ausbreiteten und ihn bedrängten. Er wurde krank und kam ins Hospital, das im alten Fort an der Spitze der Île Longue eingerichtet war.

NACH seiner Genesung wurde er in Baracke 17 untergebracht, dort waren durch Umgruppierungen einige

Plätze frei geworden. Bald jedoch füllte sich auch diese Baracke und das Leben um ihn herum wurde turbulenter. Die Menschen dort waren, wie er schrieb, von „lebensgeneigterer“ Art. Hermann von Boetticher erzählte von den Aktivitäten des Josef aus dem Dahl,[111] einem Genussmenschen, der im Theater Rollen von fülligen Personen spielte. Fast jeden Tag wurde unter seiner „Regie“ zusammen mit einem Koch ein Souper oder Diner mit oder ohne Kammermusik veranstaltet.

[111] Josef aus dem Dahl ist im Bühnenbild *Im Weißen Rößl* (siehe Kapitel *Leuchttum - das Lagertheater*, S.94) abgebildet.

Bei all dem Trubel trat ein sehr stiller Mensch in das Leben von Hermann von Boetticher. „Halven heißt er und stammt aus dem Land zwischen Elbe und Weser wie ich. Alle Barackenabteile waren mit zwei bis drei Gefangenen gefüllt, mein Winkel in siebzehn allein noch für einen zweiten Bewohner frei. So zieht er ein. Sein Wesen ist Rücksicht und Wille zur Gerechtigkeit.“[112]

[112] Hermann von Boetticher, *Erlebnisse aus Freiheit und Gefangenschaft*, S. 139.

Zurückhaltend und umsichtig richtete dieser neue Nachbar die gemeinsame Barackenecke ein und sorgte liebevoll für den Poeten mit der zarten Gesundheit. „Wir sprechen nicht viel: wir sind, zwei verschiedene Welten, zu eng gegeneinander gepreßt. Aber von Tag zu Tag wächst, dank der Feinfühligkeit des anderen, das äußere Zusammensein zur inneren Freundschaft sich aus.“[113]

[113] Ebenda, S. 141.

Begegnungen mit Franzosen, die angenehm verliefen, wurden von ihm auch geschildert: Ein junges Mädchen beglückte ihn mit ihrem Lächeln, als er während der Bauarbeiten für die Wasserleitung vom nächstgelegenen Dorf zum Lager an der Waschstelle des Dorfes vorbeikam: „Ein Wasser ist dort, rund, von flachem Grasufer umsäumt. Auf Brettern knien Frauen in schwarzen Kleidern und weißen Hauben und waschen bunte und leuchtend weiße Sachen. Von den jungen hebt eine ihr Gesicht über die anderen empor. ... Als ich das Gesicht der jungen Bretonin suche, lächelt sie mir, ein wartender

Frühling, zu. Ich habe das Gefühl, geadelt, gekrönt und beschenkt von Gottes Gnaden zu sein."[114] Er berichtete auch über positive Erfahrungen mit dem Lagerpersonal: Die Lagerleitung hatte dafür gesorgt, dass er in einer ruhigen Baracke untergebracht wurde. Und er beschrieb, wie das französische Wachpersonal in einer schwierigen Situation entgegenkommend reagierte.

[114] Hermann von Boetticher, *Erlebnisse aus Freiheit und Gefangenschaft*, S. 106 f.

In der Zeit seiner Gefangenschaft hat Hermann von Boetticher viel geschrieben. Er begann mit seinem zweiteiligen Schauspiel *Friedrich der Große*, das er noch auf der Île Longue beendete und das schon 1917 im S. Fischer Verlag, Berlin, veröffentlicht wurde. Er veranstaltete auch Lesungen aus diesem Drama und hielt verschiedene Vorträge in der Kantine. Ein philosophischer Artikel *Gefangenschaft, oder über die Gewalt des Wirklichen*[115] wurde in der *Insel-Woche* veröffentlicht.

Sein Gedicht *Kriegsjahreswende auf Ile-Longue*[116] entstand im August 1915. Dieses Gedicht verdeutlicht die Stimmung vieler Internierter in dem ersten Jahr der Gefangenschaft. Sie fühlten sich isoliert und ohnmächtig, so „abseits und ferne" der Heimat, ohne die Möglichkeit zu haben, in die Geschicke eingreifen zu können. Selbst bei Hermann von Boetticher ist ein patriotischer Ton zu hören. Jahre später wurde dieses Gedicht als Kunstdruck herausgegeben und zusammen mit den Grafiken der Künstler verkauft.

[115] Vgl. Hermann von Boetticher, Artikel *Gefangenschaft, oder über die Gewalt des Wirklichen*, in: IW Nr. 25 vom 12.12.1915.

[116] Siehe nächste Seite.

Seine Texte waren für die damalige Zeit sehr ungewöhnlich: Er scheute sich nicht, Themen aus einem stark subjektiven und emotionalen Blickwinkel darzustellen. Viele Internierte fanden seinen expressionistischen Stil befremdlich. Er wurde nicht von allen anerkannt und spürte Ablehnung und sogar Feindschaft: „Der Sommer ging, der Herbst ist zu Ende, die fertige Friedrichgestalt

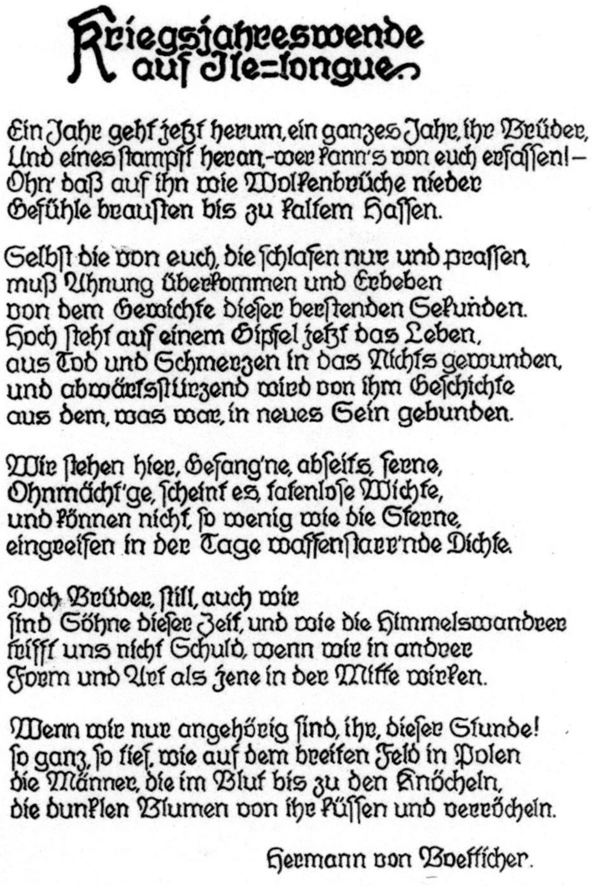

Kriegsjahreswende
auf Ile-longue

Ein Jahr geht jetzt herum, ein ganzes Jahr, ihr Brüder,
Und eines stampft heran, - wer kann's von euch erfassen! –
Ohn' daß auf ihn wie Wolkenbrüche nieder
Gefühle brausten bis zu kaltem Hassen.

Selbst die von euch, die schlafen nur und prassen,
muß Ahnung überkommen und Erbeben
von dem Gewichte dieser berstenden Sekunden.
Hoch steht auf einem Gipfel jetzt das Leben,
aus Tod und Schmerzen in das Nichts gewunden,
und abwärtsstürzend wird von ihm Geschichte
aus dem, was war, in neues Sein gebunden.

Wir stehen hier, Gefang'ne, abseits, ferne,
Ohnmächt'ge, scheint es, tatenlose Wichte,
und können nicht, so wenig wie die Sterne,
eingreifen in der Tage waffenstarr'nde Dichte.

Doch Brüder, still, auch wir
sind Söhne dieser Zeit, und wie die Himmelswandrer
trifft uns nicht Schuld, wenn wir in andrer
Form und Art als jene in der Mitte wirken.

Wenn wir nur angehörig sind, ihr, dieser Stunde!
so ganz, so tief, wie auf dem breiten Feld in Polen
die Männer, die im Blut bis zu den Knöcheln,
die dunklen Blumen von ihr küssen und verröcheln.

Hermann von Boetticher.

Abbildung 91: Hermann von Boetticher, Gedicht *Kriegsjahreswende auf Ile-Longue*, aus: Kunstmappe (Bibliothèque nationale et universitaire de Strasbourg)

Dieses Gedicht wurde 1915 verfasst. Der Kunstdruck entstand später - frühestens im Jahre 1917, als die Insel-Druckerei eingerichtet worden war.

habe ich von mir getrennt, im Kantinensaal vorgelesen und Feindschaft darum von denen, die nicht da waren, gehabt. Drei Vorträge mit Dr. Brebeck als Rezitator über Liliencron, Dehmel und Arthur Rimbaud und französische Literatur haben sie vermehrt, und als der würdige Vater der Soldaten im Lager, der Rektor Mickisch aus

Weißenfeld, eine Kritik des Friedrich an die Lagerzeitung gibt, melden sich Deputationen der ‚Intelligenz' des Lagers bei der Redaktion des Blattes, um eine Boykottierung der Zeitung anzudrohen, falls die besagte lobende Kritik gedruckt wird und am Sonntag erscheint."[117]

[117] Hermann von Boetticher, *Erlebnisse aus Freiheit und Gefangenschaft*, S 133.

Die Lagerzeit zehrte an Hermann von Boetticher; sein Gesundheitszustand verschlechterte sich zunehmend. „Die Gefangenschaft ist auf dem Punkt der äußeren Gleichgültigkeiten und inneren Zerstörungen angelangt. Lustige Zufälle und derbe Begebenheiten ziehen sich, die Schäden verbindend, hindurch."[118]

[118] Ebenda, S. 141.

Im Frühjahr 1916 kam eine Kommission französischer und schweizerischer Ärzte in das Lager. Zu den „glücklichen" 110 Gefangenen, die nach Lyon zur Generaluntersuchung geschickt werden sollten, gehörte auch er und zwei seiner Freunde: „Dr. Brebeck flammt wie eine Fackel den Boulevard herauf und ruft: ‚Geisteskrank!' … Rektor Mickisch kommt still daher und drückt mir nur schweigend die Hand: er ist dabei."[119]

[119] Ebenda, S. 151.

Am 23. April 1916 wurde Hermann von Boetticher in die Schweiz verschickt. Dort schrieb er zuerst an seinem Buch *Erlebnisse aus Freiheit und Gefangenschaft*. Später erhielt er eine Anstellung als Spielleiter und Dramaturg am Berner Stadttheater. 1919 kehrte er nach Deutschland zurück und wurde Dramaturg am Düsseldorfer Schauspielhaus. Ab 1920 lebte er vorwiegend in Florenz. In den 30er Jahren erkrankte er an einer erblichen Nervenkrankheit und verbrachte die letzten Jahre seines Lebens in einer Pflegeanstalt in Hildesheim. 1941 erhielt seine Mutter eine Urne mit seiner Asche. Nicht geklärt ist, ob er in Sonnenstein bei Pirna vergast wurde und so ein Opfer der Nationalsozialisten wurde.

Reisen in die Vendée

Im Archiv von Quimper befindet sich ein Dokument vom 30. September 1916, mit dem sich Carl Röthemeyer bereit erklärt hatte, in der Landwirtschaft zu arbeiten. Am Rande dieser Bescheinigung steht der Vermerk „Vendée - 16.6.17". Carl hatte sich offensichtlich nicht nur bereit erklärt, in der Landwirtschaft zu arbeiten, sondern auch in ein anderes Lager im Departement Vendée verlegt zu werden.

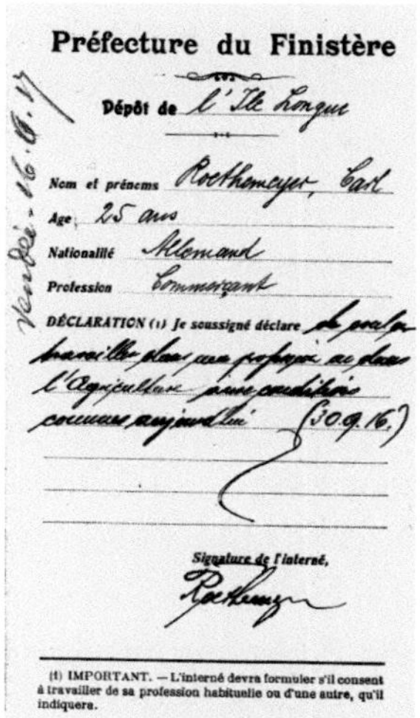

Préfecture du Finistère

Dépôt de l'Ile Longue

Nom et prénoms Roethemeyer, Carl

Age 25 ans

Nationalité Allemand

Profession Commerçant

DÉCLARATION (1) Je soussigné déclare [illegible] (30.9.16)

Signature de l'interné,

Roethemeyer

(1) IMPORTANT. — L'interné devra formuler s'il consent à travailler de sa profession habituelle ou d'une autre, qu'il indiquera.

Abbildung 92: Einverständniserklärung von Carl Röthemeyer für den Arbeitseinsatz in der Landwirtschaft (Archives départementales du Finistère)

Carl traf diese Entscheidung, obwohl alle Internierten wussten, dass es ihnen auf der Île Longue im Vergleich zu den Internierten in anderen Lagern relativ gut ging. Internierte, die später kamen, konnten von schlimmen Bedingungen in anderen Lagern berichten.

Auch werden die Hilfsvereine durch ihre Gespräche mit den Inspektoren entsprechende Informationen gehabt und weitergegeben haben. In den Berichten der Inspektoren wurde die Île Longue immer äußerst positiv bewertet: „Bis heute haben wir kein Lager angetroffen, in dem der Bereich der Freizeitbeschäftigung so hoch entwickelt ist wie auf der Ile Longue." ... „Das Lager Ile Longue mit seinen vollständigen Anlagen und den weiten Räumen, in denen die Internierten sich bewegen können, hat auf den Delegierten den besten Eindruck gemacht. Im Sommer baden die Internierten im

Meer. Außer im Falle sehr persönlicher Gründe wünscht kein Internierter, in ein anderes Lager geschickt zu werden."[120]

Es könnte natürlich sein, dass Carl für seine Entscheidung „sehr persönliche" Gründe gehabt hat. Wahrscheinlicher ist jedoch, dass er das Gefühl des Eingesperrtseins und die Enge des Lagers, die Stacheldrahtzäune nicht mehr ertragen konnte Ein Textabschnitt der Wochenchronik der Lagerzeitung, die zwei Wochen vor seiner Abreise erschien, beschreibt Carls Situation:[121]

[120] Berichte der Inspektoren der Schweizer Regierung vom 5.07.17 und vom 5.02.18, aus: Artikel *Les inspections*, Anne Jacquet und Didier Cadiou.

[121] Auszug aus der Wochenchronik (Autor „R" gleich Reuter), in: IW Nr. 8 vom 27.05.1917.

Die Wochenchronik vom 27.05.1917 ist ein Textabschnitt der 6-seitigen Chronik, die Christian Barth mit nach Hause brachte.

Am Montag abend eine neue Bill.
Fragt an, wer Landarbeiten denn leisten will.
Landleben lockt! Ein Jüngling ohne Schwielen,
Der nur in Portokassen durfte wühlen,
Sein Leben lang in 'nem Geschäft gesessen,
Begeistert zeigt bukolische Interessen.
Des Feldrains Distel dünkt ihm eine Rose!
Ich konstatiere : Stacheldrahtpsychose.

Am 24. Juni wurde dann in der Wochenchronik[122] der Lagerzeitung erwähnt, dass viele Internierte das Lager verlassen hätten, um in der Landwirtschaft zu arbeiten. Als Begründung wird angeführt, dass kaum noch Hoffnungen auf Austausch bestanden.

[122] Wochenchronik, in: IW Nr. 12 vom 24.06.1917.

Zu diesem Anlass hatte also Leo Primavesi Carl das bereits ein Jahr zuvor gezeichnete Porträt geschenkt und mit einer Widmung versehen: „s./l. Carl Röthemeyer zum Andenken an den Abschied am 13/Juni, Ile Longue, Leo Primavesi, 1917".

Abbildung 93: Porträt von Carl Röthemeyer mit Widmung von Leo Primavesi, 13. Juni 1917

Dass Carl wegen seiner Arbeit in der Landwirtschaft auch das Lager wechselte, war uns nicht bekannt. Gingen wir doch davon aus, dass er die ganze Zeit im Lager auf der Île Longue zugebracht und dass er dort in der Nähe bei Bauern gearbeitet hatte. Unsere Annahme beruhte, wie man zu sagen pflegt, „auf nicht gesicherten Quellen": Fotos einer Frankreich-Reise, die weder datiert noch beschriftet waren. Auf diesen Fotos ist Carl mit einer uns unbekannten Dame und einem uns ebenfalls unbekannten Herrn zu sehen. Sie zeigen Carl mit Begleitung bei einem Picknick vor seinem Auto, beim fröhlichen Treffen mit den Bewohnern eines Dorfes, vor einem Kriegerdenkmal und dann in einer Gegend mit fremdländisch anmutenden Gebäuden und vor dem Schloss von Versailles. Diese Fotos schickten wir nach Frankreich.

BERNARD Jacquet und Christophe Kunze, beide Mitglieder des Vereins *Ile Longue 14-18* aus Finistère, haben dann mit erstaunlichem Arbeitseinsatz eine Detektiv-Arbeit geleistet: Bernard Jacquet erkannte sofort, dass die Häuser im Hintergrund nicht typisch für die Bretagne sind, sondern für die Vendée. Das Kriegerdenkmal identifizierte er als das *Clemenceau Denkmal* in St. Hermine, im Departement Vendée, wo Clemenceau geboren wurde. Carl war nach dem Krieg demnach nicht in die Bretagne, sondern in die Vendée gefahren.

Abbildung 94: Foto Clemenceau Denkmal in St. Hermine, Frankreich-Reise von Carl Röthemeyer im Jahr 1931

Die fremdländischen Pavillons und Gebäude identifizierte Bernard Jacquet als Teil der großen Kolonialausstellung in Paris, die vom Mai bis November 1931 stattfand. Ein Foto ermöglichte ihm sogar eine recht präzise Zeitbestimmung. Dort ist die Reisegesellschaft vor dem holländischen Pavillon zu sehen. Dieser brannte am 28. Juni 1931 ab, wurde aber in etwas reduzierter Form wieder aufgebaut. Vor diesem Pavillon stand die Reisegesellschaft. Die Personen trugen auch keine Sommerkleidung, sondern eher Übergangsbekleidung.

CARL reiste also im Herbst 1931 nach Paris, um sich die große Kolonialausstellung im Park von Vincennes anzusehen, und dann in die Vendée, um seinen früheren

Arbeitgeber zu besuchen. Wo genau er dort gearbeitet hatte, war nach wie vor unklar. Wir versuchten, uns mit dem Bürgermeister von St. Hermine in Verbindung zu setzen, um herauszufinden, ob Carl in den Jahren 1917/18 in St. Hermine gearbeitet hatte. Keine Reaktion - auch nicht auf Nachfragen seitens der französischen Historiker-Freunde.

BALD darauf überraschten uns Christophe Kunze und Bernard Jacquet mit der Information, dass sie eine Fahrt in die fast 400 km entfernte Vendée zum Archiv in La-Roche-sur-Yon planten, um dort nach weiteren Unterlagen zu suchen. Das Ergebnis ihrer Nachforschungen im Archiv ist erstaunlich. Sie fanden Unterlagen, die Carl als Gefangenen des Lagers auf der Île d'Yeu betrafen, sowie die Namen und Adressen seiner verschiedenen Arbeitgeber.[123]

In den Unterlagen des Archivs befindet sich ein Brief des Pächters der Pennerie, Jacques Blanchard aus Saint-Martin-des-Noyers, vom 22. September 1917. Er ist adressiert an den zuständigen Präfekten und betrifft Carl. Jacques Blanchard bittet darin, Carl wieder zurück schicken zu dürfen und gibt dafür sehr vage Gründe an: „... er kann die zugewiesene Arbeit nicht allein bewältigen, ... man kann ihm auch nicht viel sagen."

Bernard Jacquet und Christophe Kunze entschlossen sich deshalb, zuerst nach Saint-Martin-des-Noyers zu fahren. Sie parkten am Kirchplatz in der Mitte des Ortes und erkannten sogleich die Häuserzeile wieder, den Hintergrund des Fotos; sie war fast unverändert. Sie gingen in das nächstgelegene Geschäft – eine Bäckerei – und trugen ihr Anliegen vor. Zu ihrer großen Überraschung teilte die Bäckerin ihnen mit, sie sei eine geborene Blanchard und sogar eine entfernte Verwandte von Jacques. Leider hätten sie aber keine Unterlagen von früher. Beim

[123] Seine Arbeitgeber waren:

September 1917: Jacques Blanchard, Gemeinde Saint-Martin-des-Noyers, Anwesen La Pennerie, (Jacques Blanchard war bis 1923 Pächter von La Pennerie; 1931 bewirtschaftete er einen anderen Hof in Saint-Martin-des-Noyers.)

Dezember 1917: Pierre Piet, Gemeinde Le Boupère.

Februar 1918 bis Juni 1918: Guinemand, Gemeinde La Taillée.

Abbildung 95: Foto Treffen in Saint-Martin-des-Noyers, Frankreich-Reise von Carl Röthemeyer im Jahr 1931

Umbau des Hauses waren diese alle vernichtet worden. Aber eine weitere Verwandte, Dominique Blanchard, beschäftige sich mit Genealogie und könne weiterhelfen.

Dominique Blanchard war sofort hilfsbereit, sie konzentrierte ihre Nachforschungen auf die Familie Jacques Blanchard, telefonierte, schrieb und bald hatte sie alle Fäden zusammen. Sie konnte einen Großteil der Abgebildeten identifizieren, die damals in der Mitte von Saint-Martin-des-Noyers in der Nähe der Bäckerei zusammenstanden und sich nach einem fröhlichen Mahl in einem kleinen Restaurant dort fotografieren ließen.

Damit waren noch nicht alle Fragen geklärt, besonders die nahe liegende: Warum fährt Carl ausgerechnet zu dem Bauern, der ihn loswerden wollte? Uns hatte er erzählt, dass er gut behandelt worden war. Eine mögliche Erklärung liefert ein weiteres Dokument, das Bernard Jacquet und Christophe Kunze im Archiv in der Vendée gefunden haben. Es handelt sich um einen Vertrag, der zwischen der Präfektur und dem Arbeitgeber eines Gefangenen abgeschlossen worden war. Mit solchen Verträgen wurden Einzelheiten wie die Behandlung und

Bezahlung eines Internierten geregelt. Eine der Vereinbarungen war, dass der Arbeitgeber die Kosten für den Rücktransport des Gefangenen ins Depot (hier Ile d' Yeu) selbst bezahlen musste, bei Reklamationen oder Schwierigkeiten mit dem Gefangenen jedoch nicht. Bernard Jacquet vermutet, dass es ein stillschweigendes Übereinkommen zwischen Jacques Blanchard und Carl gegeben haben könnte. Die Erntezeit war vorüber, die Familie war nicht wohlhabend. Die Reklamation war so formuliert, dass der Internierte keine Strafe zu befürchten hatte. Die offensichtlich freundschaftliche Haltung der Personen auf dem Bild lässt eine solche Vermutung zu. Möglicherweise trifft aber auch hier die ins Deutsche übernommene französische Redewendung „Cherchez la femme" zu, mit der Bedeutung: „Vielleicht steckt eine Frau dahinter".

Was die Entlassung von Carl in die Freiheit betrifft, befindet sich in den Archiven der Vendée kein entsprechendes Dokument. Bernard Jacquet entdeckte jedoch erst kürzlich im Archiv des *Roten Kreuz* in Genf eine Karteikarte, die belegt, dass Carl das Glück hatte, bereits am 19.10.1918 - vielleicht aus Krankheitsgründen - mit einem Konvoi über die Schweiz in die Heimat zu kommen. Die deutschen Internierten im Lager der Île Longue wurden erst ein ganzes Jahr später entlassen.

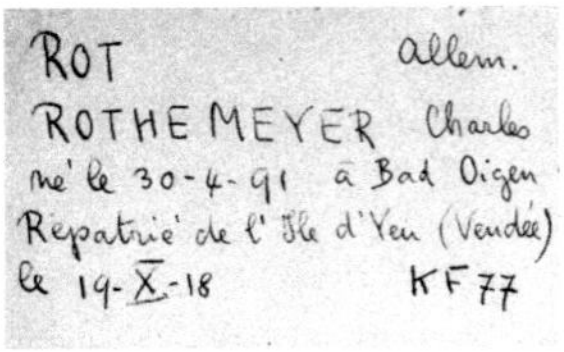
ROT allem.
ROTHEMEYER Charles
né le 30-4-91 à Bad Oigen
Repatrié de l'Ile d'Yeu (Vendée)
le 19-X-18 KF77

Abbildung 96: Karteikarte Carl Röthemeyer (Archiv *Rotes Kreuz, Genf)*

Im August 2013 – also 82 Jahre nach der Reise unseres Vaters – fuhren meine Schwester und ich in die Vendée. Eine liebenswürdige, lebhafte Dame, Dominique Blanchard, empfing uns am Kirchplatz von Saint-Martin-des-Noyers. Sie zeigte uns die nahe gelegene Häuserzeile, die Bernard Jacquet auf die richtige Spur gebracht hatte, und die so typisch für die Vendée ist. Wir besichtigten die Pennerie, den Hof, auf dem Carl gearbeitet hatte. Dort wurden wir sehr freundlich empfangen und herumgeführt. Aus dem einstigen Bauernhof mit Vieh- und Landwirtschaft war ein wunderschönes Domizil geworden.

Zu Hause bei Dominique Blanchard erwartete uns eine Überraschung. Eine entfernte Verwandte, Régine Blanchet, geb. Blanchard, kam extra angereist und war besonders auskunftsfreudig. Sie brachte Bilder ihrer Vorfahren mit: Ihrer Urgroßeltern Mathurin Blanchard und Frau, sowie ihrer Großmutter Armeline, von der man erzählte, dass sie „très belle“ war.

Abbildung 97: Foto Mathurin Blanchard und Frau (Privatbesitz)

Zu der Zeit als Carl dort gearbeitet hat, lebten zwei Familien auf dem Hof, Jacques Blanchard mit Familie und sein Bruder Mathurin Blanchard mit Familie. Ein Knecht und eine Magd hielten sich dort auch auf. Auf der Pennerie gab es also drei weibliche Personen im Alter von ca. 17 Jahren: Die Magd, die Tochter von Jacques (Adelina) und die Tochter von Mathurin (Armeline), die Großmutter von Régine, mit der wir zusammentrafen und über vergangene Zeiten redeten.

Abbildung 98: Foto Armeline Blanchard (Privatbesitz)

In diesem Zusammenhang fiel meiner ältesten Schwester spontan eine Äußerung unseres Vaters ein. Als sie zu einer attraktiven jungen Dame herangewachsen war, ließ er mit einem „spitzbübischen Gesicht“ - wie sie sagte - eine Bemerkung über ein ebenfalls sehr hübsches, junges Mädchen in Frankreich fallen.

Alle Franzosen auf dem Foto von 1931 wurden von den beiden Damen, Dominique und Régine, identifiziert. Die deutsche Seite musste passen: Die Mitreisenden unseres Vaters sind uns nach wie vor unbekannt.

Dieses Treffen in Saint-Martin-des-Noyers war sehr bewegend und freundschaftlich und wird nicht das letzte gewesen sein. Dominique hat uns eingeladen.

Leuchtfeuer - ungarische Künstler

Carl war bereits ein Jahr in der Vendée, als drei bemerkenswerte Künstler, Paul von Kovacs, Paul Beck und Arpad von Kesmarky, aus anderen Lagern zur Île Longue verlegt wurden. Es waren junge, begabte Maler, die vor Kriegsbeginn von Budapest aus nach Paris gereist waren, um sich dort Anregungen zu holen und weiterzubilden.

Zu Beginn des 20. Jahrhunderts war Paris ein besonderer Anziehungspunkt für die Künstler in Europa. Es war das pulsierende Zentrum der Moderne, hier tauschten die Künstler ihre Ideen aus und experimentierten. Mit der Jahrhundertwende sahen sie auch eine Zeitenwende kommen. Ein relativ langer Frieden nach dem Deutsch-Französischen Krieg von 1870/71 hatte vieles möglich gemacht. Das Verkehrsnetz war ausgebaut, große Ausstellungen fanden statt, Zeitschriften und Zeitungen gingen um die Welt. Die Künstler träumten vom offenen Europa. Bilder mit ihrer universellen Sprache sollten völkerverbindend sein und dabei helfen, einen langen Frieden zu sichern.

Im August 1914 wurden sie vom Ausbruch des Kriegs überrascht. Aus Malerkollegen und Freunden wurden „Feinde“, schlagartig veränderte sich ihre Situation. Sie wurden als feindliche Ausländer verhaftet. Die ersten

Abbildung 99: Grafik von Paul von Kovacs, aus: Kunstmappe (Bibliothèque nationale et universitaire de Strasbourg)

Jahre ihrer Gefangenschaft verbrachten die drei ungarischen Künstler in anderen Internierungslagern der Bretagne. Erst sehr spät, im Laufe des Jahres 1918, wurden sie wahrscheinlich aufgrund von Umstrukturierungen und Schließungen von Lagern zur Île Longue verlegt.

Paul von Kovacs

Paul von Kovacs wurde am 12. Juli 1889 in Budapest geboren. Seinen Beruf gab er mit Maler und Bildhauer an. Er kam bereits Anfang 1918 zur Île Longue. Die *Insel-Woche* berichtete am 24. Februar über die Ankunft des

Künstlers und lud zu einer Ausstellung seiner Werke ein. Seine Aktivitäten waren vielfältig: Der Zeitungskopf der *Insel-Woche* vom 17. April und der vom 5. Mai 1918 wurde von ihm gestaltet. Von ihm stammt auch die Grafik *Harfe*[124] für die Musikbroschüre. Er gestaltete das Programmheft für die letzte Inszenierung von G.W. Pabst. Nach dem Rücktritt der alten Theaterleitung übernahm er die Bühnengestaltung und entwarf zum Beispiel das Programmheft zu *Liebelei* von A. Schnitzler. Für die *Olympischen Spiele* im Lager entwarf und modellierte er eine Medaille. Wie die anderen Künstler stellte er Lithografien her, die auch in Kunstmappen[125] verkauft wurden.

Von Paul von Kovacs sind dort Ansichten vom Lager Île Longue sowie Kompositionen mit schablonenhaften, häufig bildfüllenden Personen zu finden. Seine Grafiken sind beeindruckende Arbeiten mit einem sehr persönlichen Stil aus verschiedenen Elementen des *Jugendstils*, des *Art Deco* und des *Symbolismus*, gemischt mit einer traditionellen Formensprache der Volkskunst aus dem Balkan.

[124] Siehe Kapitel *Selbstorganisation und Verhandlungen*, Seite 52.

[125] Eine dieser Kunstmappen, hauptsächlich mit Werken der ungarischen Künstler, hat Monique Drévillon, ein Mitglied der Gruppe der Historiker-Freunde, in der *Bibliothèque nationale et universitaire de Strasbourg* entdeckt.

Paul Beck

Paul Beck, auch Paul Bor Beck genannt, wurde am 2. März 1889 in Budapest geboren. Auch er reiste im Jahr 1914 nach Frankreich, um sich dort weiterzubilden. In seiner Lagerakte ist vermerkt, dass er in Paris an der *École nationale supérieure des arts décoratifs* als Student eingetragen war. Er kam erst am 30. November 1918 zur Île Longue. Zu diesem Zeitpunkt erschien die *Insel-Woche* nicht mehr und das Theater inszenierte nur wenige Stücke. Wahrscheinlich arbeitete er vorrangig an Grafiken für den Verkauf. In der Kunstmappe der *Bibliothèque nationale et universitaire de Strasbourg* befinden

Abbildung 100: Grafik von Paul Beck, aus: Kunstmappe (Bibliothèque nationale et universitaire de Strasbourg)

sich drei Werke von Paul Beck. Sie zeugen von seiner akademischen Ausbildung. Er setzte sich offensichtlich mit den Werken alter und neuer Meister auseinander, konzentrierte sich auf einige Elemente und komponierte damit neue Bilder. Eines (Abbildung 100) enthält frühkubistische Elemente und stellt wahrscheinlich eine Szene aus dem Krankensaal im *Hôpital maritime* in Brest während der Grippe-Epidemie im Winter 1918 dar.

Die Komposition von Körpern (Abbildung 101) erinnert an das *Jüngste Gericht* von Michelangelo. Seine Themen sind existentieller Art. Einer bestimmten Stilrichtung kann man seine Werke nicht zuordnen.

Abbildung 101: Grafik von Paul Beck, aus Kunstmappe (Bibliothèque nationale et universitaire de Strasbourg)

Arpad von Kesmarky

Arpad von Kesmarky wurde am 12. Juni 1886 in Budapest geboren. Er kam zusammen mit Paul Bor Beck am 30. November 1918 zur Île Longue.

Einige seiner früheren Werke haben den Weg in das *Metropolitan Museum of Art* in New York gefunden. 1913 wurden drei seiner Werke in einer Ausstellung „Exhibition of Contemporary Grafic Art in Hungary, Bohemia, and Austria" in New York gezeigt. Seine Werke legen nahe, dass er in Paris Kontakt zu den bekannten Künstlern des *Kubismus*, wie Fernand Léger, hatte. Eine Kreuzigungsszene verursachte 1913 Aufsehen; es war die erste Christusdarstellung im neuen Stil des *Kubismus*.[126]

[126] Siehe nächste Seite.

Er beschäftigte sich während der Lagerzeit intensiv mit den neuen Kunstrichtungen und entwickelte seinen Stil weiter. In der Kunstmappe im Nachlass von G. W. Pabst fand ich auch ein abstraktes Bild von ihm.

ALLE DREI Künstler waren auf der Höhe der Zeit und bestens informiert über die aktuellen Kunstrichtungen, ihre Werke sind unkonventionell und ausdrucksstark. Ihre Bilder werden bei den Internierten für Gesprächsstoff und für kontroverse Diskussionen gesorgt haben. Der künstlerischen Szene auf der Île Longue haben sie trotz ihrer kurzen Verweildauer Impulse gegeben, was an den späteren Bildern von Max Pretzfelder zu erkennen ist.

AM 15. MAI 1919 wurden die drei ungarischen Künstler - wie alle Nicht-Deutschen - in die Heimat entlassen. Die deutschen Gefangenen mussten weiterhin im Lager ausharren.

Abbildung 102: Grafik *Kreuzigung* von Arpad von Kesmarky, aus: Kunstmappe (Bibliothèque nationale et universitaire de Strasbourg)

Warten auf die Freilassung

Im Lager auf der Île Longue wurde die Situation immer schwieriger. Lange Zeit hatten die Internierten das Kriegsgeschehen mit wechselnden Gefühlen verfolgt, mit Hoffen und Bangen. Sie hatten die Kriegsberichte der ihnen zugänglichen Presse oftmals als feindliche Propaganda interpretiert. Jedoch bereits seit Winter 1917/1918 mussten sie mit eigenen Augen zusehen,[127] wie in Brest amerikanische Schiffe und auch eroberte deutsche Schiffe ankamen. Diese Kriegsbeute war zwar grau übermalt, die Matrosen unter den Internierten konnten die Schiffe dennoch identifizieren. Als sie dann im April 1918 hörten, dass nach dem fehlgeschlagenen Versuch, Amiens zu erobern, keine weiteren Vorstöße von deutscher Seite mehr unternommen wurden, war ihnen klar, in welchem Zustand sich die deutsche Armee befand.

Das Kriegsgeschehen konnte nicht mehr uminterpretiert werden. Das Titelbild, das Leo Primavesi für die Lagerzeitung entwarf, nannte er „Die Wahrheit".

Den Internierten wurde bewusst, dass der Krieg für die Mittelmächte verloren war und dass Deutschland bei ihrer Rückkehr ein anderes Land sein würde. Sie fragten sich, in welche Welt sie wohl zurückkommen würden. Sie erhielten zudem in dieser Zeit weder Nachrichten aus der Heimat noch irgendwelche Informationen über Austauschverfahren.

[127] Vgl. Hellmut Felle, Bericht *Fünf Jahre hinter Stacheldraht.*

Abbildung 103: Leo Primavesi *Die Wahrheit*, Titelbild, IW vom 20.04. 1918 (Archives départementales du Finistère)

Abbildung 104: Titelzeichnung von Max Pretzfelder, aus: IW Nr. 42 vom 20.01.1918 (Archives départementales du Finistère)

Die beiden Zeichnungen von Max Pretzfelder für die Titelseiten der *Insel-Woche* beschreiben die Situation im Lager (Abbildungen 104 und 105):

Im Januar 1918 warteten und hofften die Internierten hinter Stacheldraht auf Post aus der Heimat, auf Neuigkeiten bezüglich der Austauschverhandlungen und auf einen für sie guten Ausgang des Krieges.

ANFANG Mai 1918 kam die ersehnte Nachricht. Die *Insel-Woche* berichtete über einen unterschriebenen, aber noch nicht ratifizierten Austauschvertrag: „Also doch endlich! Diesmal ist aus den Verhandlungen über den Massenaustausch von Kriegsgefangenen auch etwas für uns gefangene Zivilisten Günstiges herausgekommen, und wir dürfen unter dieser Überschrift heute zu unseren Lesern sprechen ohne Furcht, wieder einmal von den Ereignissen dementiert zu werden, wie es uns leider so oft schon damit ergangen ist. Die Zeitungen enthalten folgende Communiques: ‚Die in Bern mit Deutschland geflogenen Unterhandlungen bezüglich der Kriegsgefangenen, Zivilinternierten, der französischen Geiseln und der Lage der in den besetzten Gebieten befindlichen Bevölkerung haben am 26. April zur Unterzeichnung eines Übereinkommens durch die französischen und deutschen Delegierten geführt. Der Vertrag wird nach Ratifizierung durch die beteiligten Regierungen veröffentlich werden.‘ (Agence Havas).“[128]

[128] Gustav Tschentscher, Artikel *Austausch*, in: IW Nr. 5 vom 5.05.1918.

DIE Internierten bereiteten sich auf ihre Freilassung vor. Sie beschäftigten sich mit Einzelheiten der Heimführung und stellten eine Liste mit 21 Anfragen und Wünschen

2.JAHR.1.FOLGE.No4.CENSURÉ.ILE LONGUE.27.APR.18

EXPRESSIONISTISCHES. Die Gefangenschaft ist ein Karussel. Wir sitzen in unserm eigensten, innersten Elefanten, Pferd, Schwein, Schwan oder kleinem Extrakarussel und lassen uns von dem unsichtbaren Gaul hinter der windigen Zeltwand seit dem Aufhören unserer bürgerlichen Existenz im Kreise treiben. Schwindelnd suchen wir nach Halt, aber an uns rasen die Baracken vorüber, die Posten, die Hunde, die Zuschauer, Hühner, Mitfahrende, die Elefanten, Schwäne und Messingstangen, Fenster und Drähte, ganz wie in einem Karussel. Wir möchten gerne aussteigen, denn unser Magen wird schwach, unsere Augen fallen langsam aus den Höhlen und unser Hirn wird flüssig oder zackig. Die kaum hörbare, nagende Musik hobelt Späne aus unserm Herzen und nie ertönt die Glocke des Stillstands. So treiben wir auf scheinbar lustigen Pferden, Schwänen und Elefanten und mancher in seinem kleinen Extrakarussel wie im eigensten, innersten Irrsinn gefangen, Jahre um Jahre im Kreis, und um uns sausen die Baracken, die Baracken, die Baracken.

MP.

Abbildung 105: Titelzeichnung von Max Pretzfelder, aus: IW Nr. 4 vom 27. 04.1918 (Archives départementales du Finistère)

Im April 1918 geriet die Lagerwelt der Internierten gänzlich aus den Fugen. Unruhe und Verzweiflung breiteten sich aus. Den Gefangenen war nun klar, dass Deutschland den Krieg nicht mehr gewinnen konnte und dass sie in ein total verändertes Land zurückkommen würden.

zusammen, die der Vorsitzende des Deutschen Hilfskomitees, Martin Olsen, dem Inspektor der Schweizer Regierung vortrug.

Diese Anfragen betrafen die Rückgabe des persönlichen Eigentums (wie Ausweise, Papiere, Scheckhefte, Ausgleich für konfiszierte Metallgegenstände), verschiedene finanzielle Regelungen (wie Zahlungen aus dem Ausland, Geld für die Bedürftigen vom Hilfskomitee), die Möglichkeit des Verkaufs oder des Versands von Gegenständen, die nicht mitgenommen werden konnten, Gewicht des Gepäcks. Es wurde nachgefragt, wie mit den Dokumenten (Komitee-Archiven, Lagerzeitung, Programmen, Fotos etc.) verfahren werden sollte. Transport- und Reisedetails wurden erfragt und Wünsche dazu geäußert. Der Direktor des Theaters, Herr Mannheim, bat um Zulassung von 150 kg Gepäck für den Transport von Theatermöbeln und -zubehör.[129] Das Theater wurde geschlossen und die Bestände der Bücherei verpackt. Die Brüder Freimaurer bauten die Vorrichtungen für ihren Tempel ab und vernichteten ihre Requisiten. Die Internierten saßen fortan auf ihren „gepackten Koffern" und warteten auf die Ratifizierung des Vertrags und ihre Heimführung.

[129] Bericht des Inspektors der Schweizer Regierung, Fl. Delhorbe, vom 29.06.1918, in: Artikel *Les inspections* von Anne Jacquet und Didier Cadiou.

IN DER letzten Ausgabe der *Insel-Woche*[130] beschreibt Edmund Kowalski eine Stimmung der Unruhe und des Aufbruchs im Lager in seiner bevorzugten Textform:

[130] In dieser Zeitungsausgabe stehen viele Neuigkeiten:
(1) die Rückkehr von Gustav Tschentscher in die Redaktionsleitung, (2) das Ausscheiden des gesamten Vorstands des Ballspielclubs, (3) der Rücktritt der Theaterleitung, (4) das drohende Verbot der *Insel-Woche*.

DIE · INSEL-WOCHE
2. JAHRG. 2. FOLGE. No 6 · CENSURE · ILE LONGUE, 12. MAI 1918
Erinnerungen.
Die Statistik im Kriege.

Abbildung 106: IW Nr. 6 vom 12.05.1918 (Deutsches Historisches Museum)

DIE KRITISCHE WOCHE

Unheimlich drückt die dumpfe Atmosphäre,
Den Atem nimmt sie fast mit ihrer Schwere.
Die Menschen sehn entsetzt die schweflig grauen
Gewitterwolken sich zusammenbrauen.
Schon wetterleuchtet's – Habt ihr es gesehen?
Wo wird der erste Blitzstrahl niedergehen? - - -
An unsrer Insel traurigen Gestaden
Hat sich des Wetters Urgewalt entladen:
Es schlug der Blitz in des Theaters Leitung,
Schlug in die Sportvereine, in die Zeitung.
Das war ein Durcheinander, ein Geschrei! -
Man denke nur: Gewitter jetzt im Mai
Im Wonnemonat, wo mit süßen Weisen
Die Dichter sonst den Liebesfrühling preisen! -
Ein reinigender Regen rauscht vom Himmel,
Wäscht all den Schmutz hinweg, den Rost und Schimmel,
Der sich im Winter bei uns eingenistet,
Mit dem man sich gar öffentlich gebrüstet.
Ein frischer Wind bläst uns aus vollen Backen
Die Austauschhoffnung zu. Schon geht's ans Packen,
Ja, man beginnt vereinzelt schon zu reisen,
Wenn auch zunächst mal nur in besten Kreisen.
Doch auch der „Kleine Mann" fühlt schon das Ende,

Prüft seine provisorischen vier Wände,
Schnürt seine Bündel auf, beginn zu sichten,
Was noch verwendbar sei, was zu vernichten.
Speckjäger sind jetzt am Konservenbrodeln,
Die Tischler seh' ich Reisekoffer modeln
Aus künstlerisch gefugten Stühlen, Schränken.
Wie einst begnügt man sich mit rohen Bänken.
Die Händler reduzieren alle Werte
Und unterbieten sich in der Offerte
Von alten Kleidern. Nur die Tabakskrisen,
Die haben dauernd sich als firm erwiesen.
Die Gläubiger ziehn schleunigst dicke Striche,
Es gehen die Kredite in die Brüche.
Die großen Unternehmungen saldieren,
Sie wollen schleunigst alles liquidieren.
Ein Kopf, der sich in alle Lagen findet,
Hat schnell'ne Agentur begründet.
Ich las in Lettern leserlich und sauber:
„Vermittlung für Abschiedsbudenzauber",
„Für Festkonzerte zu Barackenfeiern"
Daneben hingen Stiefel zum verscheuern. - -
Na Gott sei Dank, dacht ich, das ist das Ende,
Bald gondeln vierter wir durch das Gelände.
131

[131] Edmund Kowalski, *Die kritische Woche*, in: IW Nr. 6 vom 12.05.1918.

Die Internierten hatten mit einer baldigen Ratifizierung des Vertrags und Freilassung gerechnet. Sie warteten und warteten. Wochen, Monate vergingen, es gab keine weiteren Informationen hinsichtlich des Austausches. Im September kam dann die niederschmetternde Nachricht, dass mit einer Ratifizierung des Vertrags nicht mehr zu rechnen sei.

In der Zwischenzeit wurden die Internierten zudem noch von einer weltweiten Epidemie, der Spanischen Grippe, heimgesucht. Nach der ersten Welle im Juni/Juli erreichten im Oktober/November und im Dezember zwei weitere Grippewellen das Lager.

AUCH nach dem Waffenstillstand von Compiègne am 11. November 1918 gab es immer noch keine Klarheit, denn die Heimführung der deutschen Gefangenen wurde nicht geregelt. Die Verzweiflung der Internierten nahm zu.

Max Pretzfelder schrieb an Karl Wolfskehl: „Die Monumentalität unseres Zusammenbruchs hängt wie ein Albdruck auf unseren einsamen Tagen und doch liegt darin eine Art Befreiung.“[132]

[132] Brief von Max Pretzfelder an Karl Wolfskehl vom 1.11.1918 (Deutsches Literaturarchiv Marbach).

Die Niederlage der Mittelmächte und der Zusammenbruch Deutschlands verschlechterten die Situation der Internierten im Lager. Das Prinzip der Gegenseitigkeit bei der Behandlung von Kriegsgefangenen funktionierte nicht mehr, sie blieben ohne Schutz in der Hand des Siegers. Die Nahrungsmittel wurden weiter rationiert, die Postzustellung wurde erschwert.

UNRUHEN und Widerstände nahmen zu. Am 1. Mai 1919 wurden auf fast allen Baracken der Internierten rote Fahnen gehisst. Dem Befehl, die Fahnen zu entfernen, folgten alle Internierten bis auf die Bewohner der Baracke 1. Dort wehte eine schwarze Fahne mit provokanter Aufschrift: „Premier mai - Vive l'internationale - Vive la révolution social - Liberté et bien-être au peuple - Mort aux canailles“. Die Folge war eine kollektive Strafe: Einbehaltung der Korrespondenz für den Zeitraum von acht Tagen.[133]

[133] Vgl. Artikel *Le Réglemet, la discipline, le punitions* von Anne Jacquet und Yvette Boissy.

AM 15. Mai wurden die Gefangenen aus den mit Deutschland verbündeten Staaten in die Freiheit entlassen. Die deutschen Internierten mussten weiterhin im Lager ausharren. Es folgte eine Umstrukturierung oder auch Schließung von Lagern. Verbleibende Gefangene wurden auch zur Île Longue verlegt. Im Sommer kamen weitere Gefangene hinzu, unter ihnen auch einige aus dem Lager

Abbildung 107: Lageransicht Île Longue, Grafik nicht signiert (wahrscheinlich von Max Pretzfelder), aus: Kunstmappe (Bibliothèque nationale et universitaire de Strasbourg)

der Île d'Yeu, wo Carl das letzte Jahr verbracht hatte. Glücklicherweise war er zu diesem Zeitpunkt schon zu Hause.

Selbst als am 28. Juni 1919 der Friedensvertrag in Versailles unterschrieben war, wurden die deutschen Internierten nicht freigelassen. Es blieb ungeklärt, wann sie mit einer Freilassung rechnen konnten. Für die Internierten eine unbegreifliche Situation, zumal ihre Leidensgenossen aus den anderen Ländern schon früher in die Heimat entlassen worden waren.

Der schweizerische Inspektor berichtete: „Die moralische Niedergeschlagenheit der Internierten ist beträchtlich; sie ist einfach mit der unaufhörlichen Verlängerung der Internierung und der Unsicherheit bezüglich der Zukunft zu erklären. Es gibt viele Bedürftige. In Erwartung der Heimkehr erscheint es wünschenswert, großzügige Hilfe zu gewähren und alle mit der Ordnung zu vereinbarenden Maßnahmen zu treffen, die Linderung verschaffen. Es ist zu wünschen, dass die kranken Internierten zuerst in die Heimat entlassen werden.“[134]

[134] Bericht des Inspektors der Schweizer Regierung, Fl. Delhorbe, vom 22.08.1919, in: Artikel *Les inspections* von Anne Jacquet und Didier Cadiou.

DIE Stimmung im Lager verschlechterte sich weiter. Auch das französische Aufsichtspersonal wurde nervöser; ein Posten erschoss in betrunkenem Zustand einen Internierten, worauf es zu einer Protestaktion im Lager kam.[135] Der Unter-Präfekt berichtete dann auch von dem „schlechten Geist“, der im Lager Île Longue herrsche.

[135] Vgl. Hellmut Felle, Bericht *Fünf Jahre hinter Stacheldraht.*

Die Zahl der Ausbrüche und Ausbruchsversuche stieg. Die Instandsetzung der Stacheldrahtzäune, die das Lager umgaben, und die Rodung der Dornenhecken, in denen die Flüchtige Versteck fanden, wurden angeordnet.[136]

[136] Vgl. Didier Cadiou *Ein Internierungslager auf Île Longue* 1914 - 1920.

MAX Pretzfelder trug sich ebenfalls mit dem Gedanken zu fliehen. Er hatte zugesehen, wie sein österreichischer Freund G. W. Pabst bereits im Mai 1919 das Lager verlassen durfte. Da er die Situation als ganz unerträglich empfand, versuchte auch er, in die Freiheit zu gelangen. Im Nachlass von G. W. Pabst befindet sich eine kleine „Novelle“ von Max Pretzfelder, in der er seine Flucht beschreibt. Hier zwei kleinere Auszüge daraus:

„Wie immer verliess Georg[137] als letzter den Sportplatz. Seit sein Freund, der Oesterreicher, von den Franzosen freigelassen worden war, fiel ihm die Rückkehr in die dumpfe, stinkende Baracke voller Lärm und Streit besonders schwer. Immerhin - er hatte etwas Petroleum

[137] Max Pretzfelder nennt sich darin „Georg“, nimmt also den Namen seines abwesenden Freundes an.

gespart und die paar Freunde, die ihm blieben, hatten gerade ihre monatliche Unterstützung erhalten - bis heute Abend konnte man endlich wieder mal pokern, und dann vielleicht war's doch heute möglich!"[138]

In dieser Nacht zum 31. August 1919 überwand er die beiden Drahtverhaue und versteckte sich. Er hatte die Absicht, am nächsten Morgen den Kohlentransport zu nutzen, um zu entkommen. Die ursprüngliche Absicht schlug jedoch fehl, dennoch konnte er mit großem Glück wegen eines heftigen Regenschauers - die Wachen suchten Schutz im Schilderhaus - unerkannt entkommen. Er schaffte es, mit dem Zug bis zur spanischen Grenze zu kommen. Seine Absicht war es, zu seiner Schwester Lilli zu fahren, die in Spanien lebte. Durch einen unglücklichen Umstand konnte er sich an der Grenze nicht im Zug verstecken, sondern musste aussteigen und zur Sperre gehen.

„Georgs Herz schien zu zerspringen. Da war er ohne Gepäck, ohne Papiere - so nahe am Ziel - draussen sah er die grell beleuchtete Barriere, die die Straße zwischen Frankreich und Spanien verschloss, - die Brücke, dahinter den Tunnel, der schon auf spanischem Boden lag - die Freiheit — ‚Vos papiers' fragte ihn barsch zum dritten Male der Grenzwächter. ‚Mir ist alles gestohlen worden - mein Handkoffer mit Pass und allem - im Zug nach Bordeaux.' Der Wächter rief einen Soldaten und befahl ihm, Georg zum Polizeikommissar zu bringen. Der Kommissar lächelte zu Georgs Geschichte und sagte zu ihm ‚Monsieur, Sie kommen wohl aus dem Lager von Ile Longue?'"[139]

Er wurde am 2. September 1919 in Hendaye nahe der spanischen Grenze festgenommen und zu dem kleinen Internierungslager Garaison in den Pyrenäen gebracht. Dort musste er noch 30 Tage im Arrest zubringen, bevor er in die Freiheit entlassen wurde.

[138] Max Pretzfelder, Novelle *Flucht*, S. 1.

[139] Max Pretzfelder, Novelle *Flucht*, S. 5.

Die Situation der Internierten im Lager auf der Île Longue war weiterhin unklar. Christian Barth schrieb am 17. September in einem Brief nach Hause: „Es ist vorläufig nicht daran zu denken, daß wir frei gelassen werden, denn Frankreich gibt die Gefangenen erst nach Ratifizierung heraus und auch dann wird es noch mit Schwierigkeiten verbunden sein. In Deutschland scheint man gar nicht zu wissen, welchen gemeinen Kuhhandel die deutsche Regierung mit uns treibt."

Am 1. Oktober 1919 teilte Chrisitan Barth seiner Familie mit: „Das Frankfurter Rote Kreuz ordnet die sofortige Freilassung der Gefangenen an."[140]

Endlich war es so weit. Er konnte am 20. Oktober 1919 zusammen mit den anderen Internierten, unter ihnen auch Leo Primavesi, das Internierungslager der Île Longue verlassen.

[140] Briefe von Christian Barth vom 17.09.1919 und 1.10.1919 (Privatbesitz).

Île Longue - ein besonderer Ort

Brest lag schimmernd vor Hermann von Boetticher, als er die erste Etappe seiner Fahrt in die Schweiz antrat. Er wandte den Blick noch einmal zurück auf die „flammenden Küsten der Insel", um Abschied zu nehmen:

„Ich habe Ile-Longue, den Schauplatz meiner äußeren Gefangenschaft, geliebt."[141]

[141] Hermann von Boetticher *Erlebnisse aus Freiheit und Gefangenschaft*, S. 152.

DER harte, gelbliche Porphyr, ein magmatisches Gestein, ist Substanz und solide Grundlage der Île Longue. Heidefelder und Ginster waren früher ihre Zierde zusammen mit den herrlichen Ausblicken auf Festland und Meer - für viele bretonische Fischer war Île Longue die Heimat und ein Paradies.

DIE GÜNSTIGE strategische Lage in der Rade von Brest war der Grund, dass die Île Longue schon sehr früh als Verteidigungsort in den Blick genommen und im Verlauf der letzten Jahrhunderte fortwährend verändert wurde. Der erste dokumentierte Befestigungsbau auf der Île Longue stammt aus dem 18. Jahrhundert. Er wurde von dem berühmten General und Festungsbaumeister Ludwig XIV, Vauban, der zahlreiche ästhetisch und funktional optimale Festungsanlagen gebaut hat, geplant und um 1775 von Louis Lazare Dajot errichtet. Die Festung sollte verhindern, dass feindliche Schiffe in der Brester

Bucht vor Anker gingen. Ein Turm des Baumeisters Vauban steht heute noch im Hafen von Camaret und gehört zum Weltkulturerbe.[142] Im Laufe der Zeit wurden die Befestigungsanlagen auf der Île Longue immer wieder verändert und den Erfordernissen der jeweiligen Kriegsführung angepasst. Anfang des 20. Jahrhunderts verlor die Festung jedoch an Bedeutung und verfiel.

[142] Dort, in der Nähe der Fischerbaracken, trafen wir im August 2013 Christophe Kunze und Bernard Jacquet das erste Mal.

IM JAHR 1914, kurz nach Kriegsbeginn, traf der Präfekt von Finistère die Entscheidung, auf dem ungenutzten Areal der Île Longue ein Internierungslager zu errichten. Nach den Friedensverträgen im Jahr 1919 wurden die letzten Gefangenen entlassen und das Lager wurde abgerissen. Man erzählt, dass einige der schwarzen Holzbohlen für den Bau von Fischerhütten in den Häfen von Camaret und Le Fret eine neue Verwendung fanden.

In den Jahren danach wurde die Île Longue für eine neue Variante der Verteidigung aufgerüstet, der Verteidigung durch Abschreckung, der *Force de dissuasion*. Es entstand die Operationsbasis der französischen Atom-U-Boote.

Waren früher die meisten Bauten der Festung weitgehend auf der Oberfläche erbaut, so wurde die Insel jetzt total verändert. Es wurde gesprengt, ausgebaggert und ausgehöhlt, sozusagen bis zum Innersten des gelben Porphyrs, um Becken für die U-Boote zu bauen. Mit den aus der Tiefe geholten Steinen wurde die Form der Insel verändert, wurden die Ufer erweitert, sie wurde überbaut mit technischen Anlagen und Gebäuden. Es war der bisher gravierendste Eingriff in dieses vormalige Paradies bretonischer Fischer. Heute ist die Insel militärisches Sperrgebiet mit strengsten Sicherheitsauflagen.

WIR WURDEN eingeladen, dies alles anzusehen. Christophe Kunze machte den Vorschlag, wir sollten kommen, um uns ein Bild von der Stelle zu machen, auf der unser Vater so lange zugebracht hatte. Im August 2013 machten wir uns auf den Weg in die Bretagne, um die Île Longue und unsere bis dahin unbekannten Historiker-Freunde kennen zu lernen.

Die Überraschung war groß. Nicht nur wir, Töchter des Carl Röthemeyer, waren gekommen, auch Margret Ullherr und ihre Tochter - Nachfahren von Christian Barth - und Anne-Marie Hommes mit ihrem Neffen und seiner Frau - Nachfahren von Theodor Hommes[143]

[143] Theodor Hommes hat einen ausführlichen Bericht über seine Gefangenschaft in verschiedenen Lagern geschrieben. Auf der Île Longue war er nur vier Monate.

DIE FRANZÖSISCHEN Freunde hatten im August 2013 ein Île Longue-Treffen arrangiert. Dass wir den Ort des ehemaligen Lagers betreten durften, ist Bernard Jacquet zu verdanken. Als ehemaligem Kommandanten der Île Longue war es ihm möglich, eine Erlaubnis für die Besichtigung der Île Longue zu bekommen. Die Gruppe bestand aus den erwähnten Familienangehörigen der Internierten und den Historiker-Freunden, die uns den ganzen Tag begleiteten.

Nachdem alle Sicherheitsschleusen - sicherer als die früheren Stacheldrahtverhaue - hinter uns lagen, wurden wir zur Nordspitze der Insel geführt, wo sich früher das Lager befand. Wenig war davon zu sehen. Nur ein Teil des Sportplatzes blieb von der Überbauung ausgespart. Wir sahen ein paar Sträucher und Büsche, vielleicht Reste des ehemaligen Ginsterfeldes, von dem Hermann von Boetticher berichtet hat, aufgewühltes Erdreich, Steinreste des Porphyr.

ES WAR schwierig, sich in dieser Umgebung das ehemalige Lager vorzustellen. Der Blick in die Ferne gab ein klareres Bild: Diese Aussicht zeichnete Paul von Kovacs, und dort liegt Brest, auf das die Häftlinge so sehnsuchtsvoll geschaut hatten.

Abbildung 108: Zeichnung von Paul von Kovacs, aus: IW Nr. 3 vom 21.04.1918 (Archives départementales du Finistère)

Die drei „Türme" im Hintergrund des Bildes sind heute nicht mehr zu sehen. Vermutlich sind es die Sockel von Windmühlen, die zu der Zeit nicht mehr in Betrieb waren und die heute ganz abgetragen sind.

Die Vergangenheit wurde plötzlich lebendig: Hier auf diesem Boden haben die Internierten trainiert, hier fanden die Pfingstwettkämpfe statt. Christian Barth hat auf diesem Fleckchen Erde Hockey gespielt und Carl seine täglichen Spaziergänge gemacht.

Wir hoben Steine auf, Blätter und Eicheln von den niedrigen Bäumen wurden uns in die Hand gedrückt. Von allen wurde ein Erinnerungsfoto gemacht, das jetzt auf der Internetseite der Gruppe eingestellt ist.

Die Gegenwart erreichte uns wieder. Wir besichtigten die große militärische Anlage auf dieser kleinen Landzunge. Man führte uns zum südlichen Bassin, wo eines der U-Boote lag. Der Anblick ähnelt einer Werft, nur das Boot unten in der Tiefe war von anderer Art. Es war eines der Boote der Triomphant-Klasse mit den Furcht erregenden Namen *Le Vigilant*, *Le Téméraire* und *Le Terrible*, die hier in regelmäßigen Abständen gewartet werden. Zu unserer Beruhigung wurde uns gesagt, dass die Atomköpfe erst vor der Ausfahrt montiert werden.

Ein beeindruckender, für uns abschreckender Anblick, die *Force de dissuasion*.

ZWEI Militärsperrgebiete durften wir noch mit spezieller Genehmigung besichtigen: das Fort von Crozon und den Semaphor von Toulinguet. Didier Cadiou, Umweltbeauftragter, der die Halbinsel Crozon und ihre Geschichte wie kaum ein zweiter kennt, übernahm die Führung.

Zuerst besichtigten wir das düstere Fort von Crozon, wo die Internierten von der *Nieuw Amsterdam* die ersten schrecklichen Wochen verbracht hatten.

Das nächste Ziel war der Semaphor von Toulinguet, ein Wachturm, der die gesamte Bucht von Brest kontrolliert. Die Besichtigung dieser Hightech-Anlage war nicht nur für uns eine Besonderheit. Selbst die meisten Franzosen unserer Gruppe hatten noch nie die Gelegenheit gehabt, den Semaphor zu besichtigen und die Bucht von Brest aus dieser Perspektive zu sehen - und das bei herrlich klarer Sicht.

WEITERE Sehenswürdigkeiten standen auf dem Programm: Die Menhire Lagatjar und die Ruinen des Anwesens von Saint-Pol-Roux, das im Zweiten Weltkrieg durch englische Bomben zerstört wurde. Didier Cadiou berichtete über das schreckliche Ereignis und hielt einen Vortrag über weitere unsinnige Zerstörungen während dieses Krieges, wie die von Brest und Dresden.

Abbildung 109: Foto Baracken *Stipon* in der Nähe des Hafens Le Fret

Diese Baracken sind aus dem Holz der abgerissenen Lagerbaracken erbaut worden.

Gegen Abend kamen wir zu den Baracken *Stipon*, die aus den Brettern der Baracken des Internierungslagers gebaut worden waren. Auch hier waren die unterschiedlich großen Fenster ohne ein Ordnungssystem angebracht, so wie es damals im Lager war. Noch nie haben wir uns Baracken mit so viel Interesse und Emotionen angesehen.

Abbildung 110: Kriegsgefangene bei der Ankunft auf der Île Longue im Herbst 1914 (Marine Nationale : archives Ile Longue)

DER alte Fischerhafen Le Fret liegt ganz in der Nähe. Die Gefangenen von der *Nieuw Amsterdam* waren mit kleinen Booten dorthin gebracht worden, am Abend des 3. September 1914. Bernard Jacquet kommt auf uns zu und spricht auf einmal Deutsch, langsam, mit nur leichtem französischen Akzent und fehlerfrei:

„Hier hat Ihr Vater zum ersten Mal seinen Fuß auf französischen Boden gesetzt!"

Das Ziel

„Wir sind ein kleiner Verein mit dem Namen « Ile Longue 14 - 18 », gegründet am 11. November 2013 von einer Gruppe geschichtsbegeisterter Männer und Frauen, einige berufstätig, andere im Ruhestand. Hauptinteressengebiet : die Geschichte der Halbinsel von Crozon, an der Westspitze der Bretagne. Einige von uns sind naturwissenschaftlich, andere eher literarisch gebildet. Wir sind Bretonen oder auch nicht, aber wir lieben alle die Bretagne. Wir stammen aus verschiedenen Ländern – Frankreich, Deutschland, Australien u.a. - und haben verschiedene Muttersprachen. Viele von uns sind redaktionelle Mitarbeiter bei *Avel Gornog*, einer Zeitschrift zur Regional- und Lokalgeschichte der Halbinsel von Crozon, die vom Verein « Etre Daou Vor » (« Zwischen zwei Meeren ») mit Sitz in Crozon, herausgegeben wird."

So STELLT sich die Gruppe von Geschichts-Begeisterten, die sich inzwischen zu einem eingetragenen Verein zusammengeschlossen hat, auf ihrer Website vor.[144] Während unseres Besuchs erfuhren wir weitere Einzelheiten über ihre Motivation, ihre Schwerpunkte und Ziele.

Schon seit einigen Jahren beschäftigen sich die Mitglieder der Gruppe mit der Île Longue, den Veränderungen der kleinen Halbinsel von einem unberührten Ort bis hin zu einem militärischen Sperrgebiet und mit dem

[144] www.ilelongue14-18.eu

Internierungslager. Aufgrund der Initiative von Bernard Jacquet organisierten sie sich mit dem Ziel, alle Dokumente und Zeugnisse aus der Internierungszeit zu bündeln und zu bewahren. Sie recherchierten, sammelten oder schrieben Zusammenfassungen und Ausarbeitungen zu den verschiedensten Themen des Lagerlebens. Ende des Jahres 2012 stellte die Gruppe ihre Ergebnisse ins Netz. Das „verschwundene" Lager sollte nicht in Vergessenheit geraten. Sie beabsichtigen außerdem, Kontakte zu den Nachfahren der Internierten herzustellen. Sie verfolgen noch ein weiteres, sehr weit gestecktes Ziel, das auch in den Statuten ihres Vereins verankert ist: „Stärkung der Freundschaft zwischen den Völkern".

DIESER Gedanke der Völkerverständigung ist insbesondere für Bernard Jacquet wichtig. Als er Kommandant der Île Longue wurde, begann er, sich mit der Geschichte der Ile Longue zu beschäftigen. Schon bald stieß er auf die Artikel über das Internierungslager in der *Avel Gornog*. Bernard Jacquet war fasziniert von dem Gedanken, dass er sozusagen das Lager täglich betrat. Er war begeistert von den vielfältigen Aktivitäten der Gefangenen. Insbesondere war er daran interessiert herauszufinden, wie die Kontakte zwischen dem französischen Militär und den Zivilinternierten verliefen. Seine besondere Motivation wurde mir klar, als er mir ein Bild von seinem Großonkel zeigte und von ihm erzählte:

DER Seminarist Jean-Marie Savay-Guerraz war 23 Jahre alt, als er während des Zweiten Weltkriegs in deutsche Gefangenschaft geriet. Er war zu dem Zeitpunkt seiner Gefangennahme - am 23. Juni 1940 - Oberfähnrich bei den *chasseurs alpins*. Als Offiziersanwärter kam er zum Oflag XIII, nahe Nürnberg. Am 1. Juli 1941 wurde er zum Stalag IA in Stablack, nahe Königsberg, verlegt.

Aufgrund einer schweren Erkrankung entließ man ihn im Oktober 1942 in die Heimat. Zurück in Frankreich setzte er sein Studium fort und wurde 1947 Priester.

Mit Jean-Marie Savay-Guerraz hatte Bernard Jacquet häufig sehr intensive, auch philosophische Gespräche. Die Kriegsgefangenschaft war bei diesen Gesprächen ein wichtiges Thema. Jean-Marie Savay-Guerraz hatte die Erfahrung gemacht, dass Menschen verfeindeter Nationen selbst in extremen Situationen, wie der einer Gefangenschaft, zueinander Beziehungen aufbauen, die es ihnen ermöglichen, Verabredungen und Vereinbarungen zu treffen. Seine Überzeugung war, dass die Gefangenenlager der beiden großen Kriege im letzten Jahrhundert dazu beigetragen haben, dass Kontakte zwischen den Menschen der verschiedenen Länder Europas geknüpft wurden. Und zwar Kontakte zwischen „normalen" Bürgern, nicht der herrschenden Elite, die solche Kontakte bereits seit Jahrhunderten mehr oder weniger gepflegt und genutzt hatte. Diese neuen Kontakte zwischen den Bürgern seien die Grundlage der Entwicklung in Europa in den letzten 60 Jahren gewesen. Dadurch sei die Akzeptanz in der Bevölkerung für ein geeintes Europa entstanden, nur so sei unser „Europa", das Zusammenwachsen Europas, möglich geworden.

Abbildung 111: Foto Jean-Marie Savay-Guerraz, 1939 (Privatbesitz)

Jean-Marie Savay-Guerraz brachte dies auf die Formel „L'Europe s'est faite dans les camps." Jean-Marie Savay-Guerraz starb vor drei Jahren. Er muss einen großen Einfluss auf Bernard Jacquet gehabt haben. „Ohne ihn", so sagte Bernard Jacquet, „ohne ihn wären wir uns nie begegnet." Der Gedanke der Kommunikation und der Verständigung zwischen den ehemals verfeindeten Menschen ist sein Anliegen.

Auch mich fasziniert diese Idee: Zwei schreckliche Ereignisse im 20. Jahrhundert, die Europa verwüstet und total verändert haben, als eine Ursache für eine solche positive, in die Zukunft gerichtete Entwicklung. Rückblickend auf die Geschehnisse in der Vergangenheit erscheint dies im Bereich des Möglichen.

BEIM letzten gemeinsamen Abendessen wurden wir vier angereisten Nachfahren der Internierten als die „Töchter der Île Longue" bezeichnet. Wenn die Franzosen unsere Väter auf der Île Longue nicht in „Schutzhaft" genommen hätten, dann wären sie wohl in den Kampf gezogen und wir hätten möglicherweise das Licht der Welt nicht erblickt. Wir „Filles de l'Île Longue" aus Deutschland waren dankbar für all das, was wir sehen und erleben durften an diesem besonderen Ort in Frankreich. Freundschaftliche Bande sind geknüpft worden aufgrund von Ereignissen in einem Internierungslager während des „Grande Guerre" vor nunmehr 100 Jahren.

Danksagungen

Rat und Unterstützung haben es mir ermöglicht, dieses Buch zu schreiben.

Der große Fundus an Informationen und Bildmaterial ist den französischen Historiker-Freunden zu verdanken. Bernard Jacquet und Dr. Christophe Kunze haben dafür gesorgt, dass mir diese Quellen für eine Veröffentlichung zur Verfügung standen. Margret Ullherr und Régine Blanchet überließen mir persönliche Dokumente und Fotos. Bei den Vorüberlegungen zum Text haben mich Lina Keppler und Sarah Hanns beraten.

Weiterhin danke ich meiner Familie: Durch ihre Recherche im Internet hat Liselotte viele Hinweise geben können. Von Ilse und Patricia kamen Anregungen zur Textgestaltung. Die Idee, das Buch in LaTeX zu setzen und in Anlehnung an die Bücher von Edward Tufte zu gestalten, hatte Carl Philipp. Zusammen mit Christian Martin hat er mir bei der technischen Produktion des Buches geholfen. Helmut hat den gesamten Text geduldig und gewissenhaft lektoriert.

Dank auch an den Herrn, der mir in der Nähe des Semaphors von Toulinguet die Anregung gegeben hat, diese Geschichte aufzuschreiben. Wie sein Vorfahr, ein deutscher Dichter der Romantik, saß er auf einem Kap am Meer, schaute in die Weite und nahm dabei mit mir Vergangenheit, Gegenwart und Zukunft in den Blick.

Literaturverzeichnis

[1] Hans-Michael Bock. *G. W. Pabst Biografie - in: Retrospektive 1997*. Wolfgang Jacobson, Berlin, 1997.

[2] Hermann von Boetticher. *Erlebnisse aus Freiheit und Gefangenschaft*. S. Fischer Verlag, Berlin, 1919.

[3] Yvette Boissy / Anne Jacquet. *Le réglement, la discipline, les punitions*. website: http//www:ilelongue14-18.eu, 2012. Menu: La vie au camp - L'organisation.

[4] Didier Cadiou. *Un camp d'internement sur l'Île Longue - in: Avel Gornog 5*. Etre daou vor, Crozon, 1997.

[5] Didier Cadiou. *Civils et militaires - in: Île Longue Histoire d'un site exceptionnel*. Edition Palantines - Base opérationelle de l'Île Longue, 2010.

[6] Didier Cadiou. *Les derniers mois du camp d'internement de l'Île Longue - in: Avel Gornog 18*. Etre daou vor, Crozon, 2010.

[7] Mendez Casal. *Los paisajes espanoles del pintor aleman Max Pretzfelder - in: ABC Sonderausgabe*. ABC, Madrid, 1927.

[8] Monique Drévillon. *Le récit de la capture de Nieuw Amsterdam par Edward Hyre Hunt.* website: http://www.ilelongue14-18.eu, 2013. Menu: La génèse des camps - Les captures en mer.

[9] Hellmut Felle. *Fünf Jahre hinter Stacheldraht.* website: http://www.ilelongue14-18.eu, 2014. Menu: Erlebnisberichte einiger Internierter.

[10] Bernard Jacquet. *Le rapport officiel de la marine francaise.* website:http//www:ilelongue14-18.eu, 2012. Menu: La génèse des camps - Les captures en mer - Le paquebot hollandais Nieuw Amsterdam.

[11] Anne Jacquet / Didier Cadiou. *Les inspections.* website: http//www:ilelongue14-18.eu, 2012. Menu: La vie au camp - L'organisation - Les inspections - Rapports Comité International de la Croix Rouge.

[12] Otto Klein. *Der neue Weg der Kunst zum Volk, Ausstellung des NS.-Gemeinschaftswerks Kunst und Künstler in Mayen.* Eifel und Kunst, Ausgabe 1937, Seite 38 - 42, Koblenz - Trier.

[13] Christophe Kunze. *Christian Barth, prisonnier de guerre civil allemand au camp de l'Île longue, de 1916 à 1919 - in: Avel Gornog 18.* Etre daou vor, Crozon, 2010.

[14] Christophe Kunze. *Hermann von Boetticher, Interné Civil au camp de l'Île Longue et sa tragédie Jephta - in: Avel Gornog 18.* Etre daou vor, Crozon, 2010.

[15] Christophe Kunze. *Die Insel-Woche, erste Folge.* website: http://www.ilelongeu14-18.eu, 2012. Menu: Das Leben im Lager - Lagerzeitung.

[16] Christophe Kunze. *Die Insel-Woche, zweite Folge*. website: http://www.ilelongue14-18.eu, 2012. Menu: Das Leben im Lager - Lagerzeitung.

[17] Christophe Kunze. *Ernst Gustav Tschentscher*. website: http://www.ilelongue14-18.eu, 2012. Menu: Besondere Internierte.

[18] Christophe Kunze. *Friedrich Hommel*. website: http://www.ilelongue14-18.eu, 2012. Menu: Besondere Internierte.

[19] Christophe Kunze. *Eine Freimaurer-Loge im Lager*. website: http://www.ilelongue14-18.eu, 2013. Menu: Das Leben im Lager - Kultur.

[20] Christophe Kunze. *Sport*. website: http://www.ilelongue.eu, 2013. Menu: Das Leben im Lager - Kultur.

[21] Lagerbroschüre. *Das Unterrichtswesen*. Deutscher Hilfsverein, Internierungslager, Île Longue, o.J.

[22] Lagerbroschüre. *Die Werkstätten des deutschen Hilfsausschusses im Lager der Zivilgefangenen von Ile Longue Frankreich*. Deutscher Hilfsverein, Internierungslager Île Longue, o.J.

[23] Lagerzeitung. *Das neue Theater*. Sonderausgabe, Internierungslager, Île Longue, 1918.

[24] Lagerzeitung. *Schauspiele Ile Longue*. Internierungslager, Île Longue, 1918.

[25] Lagerzeitung. *Inselstimme Nr. 1*. Gustav Ernst Tschentscher, Internierungslager, Île Longue, 1919.

[26] Lagerzeitungen. *Insel-Woche*. H. Schuett (1915), Robert Römmler (1915 - 1916), Edmund Kowalski

(1917 - 1918), Internierungslager, Île Longue, 1915 - 1918.

[27] Eugen Lenz. *Bericht des Kriegsgefangenen Eugen Lenz über seinen Aufenthalt im Lager Ile Longue.* website:http//www:ilelongue14-18.eu, 2014. Menu: Erlebnisberichte einiger Internierter.

[28] Emil Mattiesen. *Der jenseitige Mensch - Eine Einführung in die Metapsychologie der mystischen Erfahrung, Kapitel: Wahrnehmbarkeit des Hinausversetzten.* De Gruyter-Verlag, Berlin-New York, 1925. Hier wird ein Bericht von Leo Primavesi im Antwerpener Bull. du bur. zitiert.

[29] Jan Molitor. *Oeynhausen - das Museum aus der Besatzungszeit.* DIE ZEIT Archiv 17, 1952.

[30] Georg Wilhelm Pabst. *Briefe an Max Pretzfelder.* Im Nachlass von G. W. Pabst - Deutsche Kinemathek, Museum für Film und Fernsehen, Berlin.

[31] Max Pretzfelder. *Briefe an G. W. Pabst.* Im Nachlass von G. W. Pabst - Deutsche Kinemathek, Museum für Film und Fernsehen, Berlin.

[32] Max Pretzfelder. *Briefe an Karl Wolfskehl.* Deutsches Literaturarchiv, Marbach.

[33] Max Pretzfelder. *Flucht.* Skript im Nachlass von G. W. Pabst - Deutsche Kinemathek, Museum für Film und Fernsehen, Berlin, o.J.

[34] Rainer Pöppinghege. *Im Lager unbesiegt - Deutsche, englische und französische Kriegsgefangenen-Zeitungen im Ersten Weltkrieg.* Klartext-Verlag, Essen, 2006.

[35] Gerard Schneider. *Max Pretzfelder.* website: http://www.ilelongue14-18.eu, 2012. Menu: Besondere Internierte.